JN194136

実務の技法シリーズ 5

破産再生の
チェックポイント

編著

髙中正彦

安藤知史

著

木内雅也

中村美智子

八木　理

弘文堂

シリーズ刊行にあたって

　ひと昔は、新人・若手弁護士は、先輩弁護士による OJT によって実務を学び、成長していったものであるが、現在は残念なことに、先輩弁護士から十分な実務の指導を受ける機会を得られない弁護士や指導が短期間に終わってしまう弁護士も、かなりの数に上っているようである。そのような OJT に対する強い要望が背景にあるのであろう、弁護士実務のノウハウや留意点を叙述した新人・若手弁護士向けの実務書が実に多数刊行されている。しかし、それらを見ると、若干高度すぎる内容となっているもの、真に先輩弁護士に相談したい事柄を網羅していないもの、先輩の経験談を披露したにとどまるものなどが混在しているように思われる。

　このような状況の中、私たちは、実務を適切に処理するにあたって体得しておくべき技法を、一覧性のあるチェックポイントと簡潔かつ明快な基礎知識とともに叙述する書籍が必要とされているのではないかと考えるに至った。執筆陣には、新人・若手弁護士に接する機会が多い中堅弁護士を核とし、さらにはこれに気鋭の若手弁護士にも加わってもらった。「実務の技法シリーズ」と銘打ったこの出版企画は、弁護士が実務において直面するであろう具体的な場面を想定し、これを紛争類型ごとに分けたシリーズとなっている。本シリーズは全巻を通して、新人弁護士ノボルが身近な先輩弁護士である「兄弁」「姉弁」に対して素朴な疑問を投げかけ、先輩がこれに対して実務上のチェックポイントを指摘しながら回答していく対話から始まる。その後にチェックポイントをリスト化して掲げることを原則とし、その解説を簡潔に行うという構成となっている。このチェックリストだけを拾い読みしても、有益なヒントを得ることができるものとなっている。さらに、当該事件を処理する上での必携・必読の文献をまとめたブックガ

イドを本編に先立って設けているが、これは類書にはほとんど見られない本シリーズの大きな特色であろうと自負している。また、随所にコラム欄も置き、実務上知っておきたい豆知識や失敗しないための経験知を気楽に身につけることができるようにも工夫した。

　本シリーズは、各法律・紛争分野ごとの巻のほか、これに総論的テーマを扱う巻を加えて順次刊行していく予定である。読者の皆様には、ぜひ全巻を机上に揃え、未経験・未知の案件が舞い込んだときにも、該当する巻をすぐ手にとり、チェックポイントを確認して必要部分の解説を通読していただき、誤りのない事件処理をする一助としていただきたいと念願している。また、ベテランの弁護士の方々にも、未経験の事件のほか、自らの法律知識や実務経験の再チェックをするために本シリーズを活用していただけるならば、望外の幸せである。私たちも、実務家にとってそのように身近で有用なシリーズとなるよう、最大限の努力と工夫を続けるつもりである。絶大なご支援を心からお願いする次第である。

　　2019 年 1 月

高中正彦

市川　充

はしがき

　ブックガイドで紹介したとおり、特に破産手続、民事再生手続を中心に倒産事件に関する実務書は多数あり、実際の事件処理にあたっては、これらを傍らに置いて問題点を詳細に検討していくことが必要となろう。しかし、倒産事件において検討すべき問題点は、実体法・手続法上の問題にとどまらず、実務における制度運用の確認、債務者の特性や債権債務の状況に応じた対応など多岐にわたり、かつ事案によって様々なバリエーションがあるため、経験が浅い弁護士にとっては、そもそも「検討すべき問題点」が何かということを把握すること自体が容易ではないことも多い。

　そこで本書では、既刊の「実務の技法シリーズ」と同様に、**Case** で具体的な事例を設定して、それらの事例に関して確認、検討すべき事項に関する**Check List**を設けるとともに、**Case** に対する端的な *Answer* を示すことなどにより、実際に倒産事件に直面した際に検討すべき問題点の概要を効率よく把握できるような構成としている。その上で解説を一読すれば、事件処理に必要な最低限の知識は得られるようにもなっている。また、「ノボル弁護士」と「兄弁・姉弁」との会話も、事案に対する分析・検討の仕方や陥りやすいミスなどを知る上での参考としていただきたい。

　なお、本書には、類書に比べて、弁護士倫理上の議論に多く言及しているという特徴もある。これは、倒産事件では、事件処理や利害関係者への対応などをめぐって、弁護士倫理上の問題が生じやすい面があることをふまえたものである。

　一昔前と比較すると、倒産事件の件数は大幅に減ってはいるが、それでも平成 30 年の全裁判所における破産事件の新受件数は約 8 万件あり、このうち約 7 万 3000 件が自然人の自己破産事件と、若手弁護

士が活躍できるフィールドは十分に広がっている。本書が、これから
倒産事件に取り組んでいく若手弁護士の道標となれば幸いである。

2019 年 10 月

高中正彦

安藤知史

目次 *contents*

第1章 債務者代理人の初動・準備 —— 1

凡 例

【法令】

　本書において法令を示すときは、令和元年 9 月 30 日現在のものによっている。なお、かっこ内で参照条文を示すときは、法令名について以下のように略記した。

民	民法	民訴	民事訴訟法
会社	会社法	民執	民事執行法
破	破産法	民調	民事調停法
破規	破産規則	特調	特定債務等の調整の促進のための特定調停
民再	民事再生法		に関する法律
民再規	民事再生規則	労基	労働基準法

【判例】

最大判（決）	最高裁判所大法廷判決（決定）	集民	最高裁判所裁判集民事
最判（決）	最高裁判所小法廷判決（決定）	判時	判例時報
高判（決）	高等裁判所判決（決定）	判タ	判例タイムズ
地判（決）	地方裁判所判決（決定）	金法	金融法務事情
民集	最高裁判所民事判例集		

　倒産事件に取り組むにあたっては、法律や制度に対する正しい理解は当然のこととして、実務の運用を知っておくことが非常に重要である。しかし、倒産事件に関しては、さまざまなテーマで多くの実務書が世に出ているため、どの書籍を参考とすべきか迷うことも多いと思われる。ここでは、出版日が比較的新しいものの中から、実務家にも定評がある基本書やコンメンタールとともに、これから倒産事件に取り組もうとする若手実務家にとって参考になると思われる実務書をピックアップしているので、参考にしていただきたい。

■ コ ン メ ン タ ー ル ・ 基 本 書 ■

伊藤眞＝岡正晶＝田原睦夫＝林道晴＝松下淳一＝森宏司
『**条解破産法〔第2版〕**』（弘文堂、2014年）

破産法のコンメンタールとして非常に水準が高い内容となっている。立法趣旨や判例、学説の解説はもとより実務上の論点についても詳細な言及があり、破産手続に関わる弁護士必携である。

園尾隆司＝小林秀之編著
『**条解民事再生法〔第3版〕**』（弘文堂、2013年）

『条解破産法〔第2版〕』とともに定評があるコンメンタールである。詳細な逐条解説に加えて、実務上重要な判例や学説に対する解説も豊富で、民事再生手続の実務運用を知る上でも非常に参考になる。

伊藤　眞
『**破産法・民事再生法〔第4版〕**』（有斐閣、2018年）

破産法・民事再生法の基本書としても水準が高いが、実務の動向にも目配りされた内容であるため、実務家が参考とするのに適している。

■ 実 務 に 関 す る 解 説 書 ■

永谷典雄＝上拂大作編著
『**破産実務の基礎（裁判実務シリーズ11）**』（商事法務、2019年）

執筆者は東京地裁破産再生部に所属する裁判官であるが、東京地裁以外に係属する事件処理にも広く役立つ実務書である。2019年8月刊行であるため、近時の重要判例もふまえた内容となっている。

東京弁護士会＝第一東京弁護士会＝第二東京弁護士会編著
『**クレジット・サラ金処理の手引き〔6訂版〕**』（2019年）

債務者からの相談に対する対応から、破産・民事再生などの手続の概要
まで基本的な事項を網羅している手引であり、手許に備えておくと便利
な一冊。本書校了時点では未刊行のため、書影は5訂版のものである。

東京弁護士会倒産法部編
『**破産申立マニュアル〔第2版〕**』（商事法務、2015年）

破産手続を申し立てる際に代理人として注意すべき問題点などがQ＆A
形式でまとめられている。ただし、実務運用の説明や書式などは東京地
裁破産再生部に関するものとなっている。

法曹会編
『**例題解説 個人再生手続**』（法曹会、2019年）

『法曹』誌に連載されていた「ほうそう講座 個人再生手続」という論考
をまとめたもの。初心者向けに個人再生手続に関する問題点を分かりや
すく解説している。

四宮章夫＝相澤光江＝綾克己編
『**特別清算の理論・実務と書式**』（民事法研究会、2010年）

特別清算手続の標準的なスケジュール例なども示されており、手続の流
れを理解しやすい。債権者集会や協定事項の作成などに関する実務上の
留意点についても詳しい解説がある。

尾島史賢編集代表
『**株式会社・各種法人別 清算手続マニュアル──手続の選択
から業種別の注意点まで**』（新日本法規出版、2019年）

フローチャートによって、受任から手続選択、実施へと進む流れを把握
しやすい。業種別の留意点についても解説がある。

多比羅誠編著
『**進め方がよくわかる私的整理手続と実務**』（第一法規、2017年）

事件の依頼を受けた弁護士の対応に沿った構成になっており、手続の流
れが分かりやすい。各手続についての解説も実務上の参考になる。

藤原総一郎監修、山崎良太＝稲生隆浩編
『**私的整理の理論・実務と書式──法的整理への移行、労務、登
記、税務まで**』（民事法研究会、2019年）

主要な私的整理の手続の概要や実務上の留意点などが一通り解説されて
いるほか、色々な事例が紹介されており実務上の参考になる。

全国倒産処理弁護士ネットワーク編
『**破産実務 Q & A 200 問**』（金融財政事情研究会、2012 年）
2019 年 12 月に本書をアップデートした『破産実務 Q & A 220 問』が
刊行予定である。

全国倒産処理弁護士ネットワーク編
『**通常再生の実務 Q & A 120 問**』（金融財政事情研究会、2010 年）

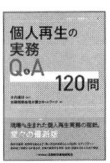
木内道祥監修、全国倒産処理弁護士ネットワーク編
『**個人再生の実務 Q & A 120 問**』（金融財政事情研究会、2018 年）

全国倒産処理弁護士ネットワーク編
『**私的整理の実務 Q & A 140 問**』（金融財政事情研究会、2016 年）
これらはいずれも、全国倒産処理弁護士ネットワークに所属する弁護士
が各手続における実務上の問題点を Q & A 方式で解説している書籍であ
る。手続に関わっている中でしばしば直面する事例や問題点が取り上げ
られており、実務上の参考になる。

日本弁護士連合会倒産法制等検討委員会編
『**倒産処理と弁護士倫理**』（金融財政事情研究会、2013 年）
倒産事件を処理する際の弁護士倫理上の論点を Q & A 方式で解説してい
る。倒産事件では、弁護士倫理上の問題点に留意しなければならない場
面が多いので、こうした書籍も参考にして業務を遂行すると良い。

■ 実 務 運 用 ■

〈東京地裁〉

中山孝雄 = 金澤秀樹編
『**破産管財の手引〔第 2 版〕**』（金融財政事情研究会、2015 年）
東京地裁破産再生部の裁判官による破産管財手続の解説書で、東京地裁
における破産管財手続に関わる弁護士必携の一冊であるが申立代理人に
も有用である。書式が収録された CD-ROM も付いている。

鹿子木康編著
『**民事再生の手引**〔第 2 版〕（裁判実務シリーズ 4）』（商事法務、2017 年）

東京地裁破産再生部の裁判官、書記官による解説書である。同部における民事再生手続の運用について紹介されているほか、実践的な問題について具体例を挙げながら解説が加えられている。

舘内比佐志＝永谷典雄＝堀田次郎＝上拂大作編
『**民事再生の運用指針**』（金融財政事情研究会、2018 年）

東京地裁破産再生部の裁判官、書記官が、同部における民事再生手続の最新の運用を解説したもの。各種の資料や書式のほか、具体的な事例なども示されている。

鹿子木康＝島岡大雄＝舘内比佐志＝堀田次郎編
『**個人再生の手引**〔第 2 版〕』（判例タイムズ社、2017 年）

東京地裁破産再生部における個人再生手続の運用について Q ＆ A 方式で解説されている。同部の裁判官、書記官のほか実務経験豊富な弁護士が執筆しており、参考書式も豊富。

東京地裁破産再生実務研究会編著
『**破産・民事再生の実務**〔第 3 版〕』（金融財政事情研究会、2013 ～ 2014 年）

東京地裁破産再生部の裁判官、書記官による解説書である。「破産編」、「民事再生・個人再生編」に分かれ、破産手続、民事再生手続の基本的な事項について、Q ＆ A 方式で東京地裁破産再生部の運用を踏まえた説明がなされている。

〈大阪地裁〉

大阪地方裁判所＝大阪弁護士会破産管財運用検討プロジェクトチーム編
『**新版　破産管財手続の運用と書式**』（新日本法規出版、2009 年）

大阪地裁倒産部の運用を踏まえて、破産手続におけるさまざまな問題点について実務的な観点から解説されており、申立代理人、破産管財人ともに役立つ内容となっている。CD-ROM に書式も豊富に収録されている。

川畑正文ほか編
『**はい 6 民です　お答えします**──倒産実務 Q ＆ A〔第 2 版〕』
（大阪弁護士会協同組合、2018 年）

大阪地裁倒産部の裁判官による Q ＆ A 方式の解説書で、同部における倒産手続の運用を知ることができる。破産、民事再生だけではなく会社更生、特別清算、特定調停に関する解説もあり、大阪地裁における倒産手続に関わる弁護士必携の一冊である。

森純子 = 川畑正文編著
『民事再生の実務』（商事法務、2017 年）

大阪地裁の裁判官、書記官が通常再生事件に関する大阪地裁倒産部の運用を解説した書籍である。書式も紹介されており、手続に関わる弁護士の参考になる。

債務者代理人の初動・準備

Ｉ…相談時の対応

> ## Ｃ ａ ｓ ｅ
>
> 　Ｘ株式会社は、代表取締役を務めるＹの個人経営の会社で、雑貨などの物販を主たる事業としていたが、経営不振に陥り、再建の見通しも立たない。また、会社の債務の多くについてＹが個人で連帯保証をしているほか、個人としても事業資金や生活費に充てるために貸金業者から多額の借入れをしている。
>
> 　このような状況のため、Ｙは、Ｘ社とＹ個人の破産について、弁護士に相談することとした。

• • •

ノボル：知人の紹介で、物販の会社と代表者個人の破産について相談を受けることになりました。破産事件を一人で担当するのは初めてなので、いろいろと不安です。

姉　弁：相談に向けて準備はしているの？

ノボル：はい。破産手続の説明とか、クレジットカードは使わないように伝えるとか……。

姉　弁：そういう説明も大事だけど、まずは依頼者の状況を正確に把握しないと。ヒアリングする事項について漏れなく確認しないとね。

ノボル：そうですね。リストを作って漏れがないようにします。念のため目を通していただいてもいいですか。

姉　弁：いま忙しいんだけどなあ……。用意してもらう資料もリスト化しているの？

ノボル：それは事情を聴いてからでいいかなと思っていたんですが。

姉　弁：もちろん、事情を聴いた上で必要になるものもあるけれど、絶対に必要なものは初回の面談の時までに用意してもらった方がいいわよ。

ノボル：えーと、例えば、会社の決算書３期分とかですか。

姉　弁：それ以外にも、預貯金をリストアップしてもらって通帳を持ってきてもらうとか、会社の印を預かるとか。

兄　弁：ところで破産事件といっているけど、他の手続をとる可能性はないの？

ノボル：知人からは、Ｙさんは破産を希望していると聞いているので、たぶん、破産ということになると思います。

兄　弁：それでも、一応は、破産がベストの選択なのかという観点からも検討する必要があるよね。

ノボル：そうですね。そのためにも、ヒアリングとか資料の確認とかが大事ですね。

兄　弁：そうだね。それに、今はまだ事業をやっているんだろ？　事業を停止するのか、停止するとしたらいつにするのかも考えないと。

ノボル：事業は停止するほかないと思いますが、いつ、というのは難しいなあ。

兄　弁：会社の資金繰りとか、取引先にどんな影響を与えるのかとかを考えなければならないから、そういうことを念頭に置いてヒアリングや資料収集をするといいよ。

ノボル：わかりました。ほかにも、従業員をいつ解雇するのかという問題もありますよね。

兄　弁：従業員がいるなら、そもそも事業を停止して破産するということをいつ知らせるかを考えないとね。ほかには、事務所の賃貸借契約とか、在庫品の確認とか。

ノボル：ちょっと一人では荷が重かったかなあ。

姉　弁：破産手続開始申立てに向けてのスケジュールを考えて、問題点をリストアップしていけば大丈夫よ。特に、受任したら急いで対応しなければならない事項はきちんと確認してね。

ノボル：そのあたりの優先順位をつけるのが難しくて……。

姉　弁：事務所の賃貸借契約とか、従業員との雇用契約とか、いまも継続している契約関係をまず確認してみたら？　あとは、破産者の財産が散逸するおそれがないかを確認して、申立て前に財産が散逸しないように保全の

ために必要な措置をとることが大切よ。

ノボル：在庫品を債権者が取り返しに来るかもしれませんしね。

姉　弁：そうそう。ちゃんとわかってるじゃない。

ノボル：……がんばります。

Check List

□ヒアリングにおいて確認すべき事項を整理したか［→ **2**］

□確認・収集すべき資料を整理したか［→ **3**］

□手続の説明は十分に行ったか［→ **4**］

□債務者として注意すべき事項を伝えたか［→ **4**］

□破産手続による影響を検討したか［→ **4**］

［ 解 説 ］

1　ヒアリングや資料収集の意義

　破産手続開始や民事再生手続開始の申立代理人の役割は、申立てをすれば終わるというものではない。民事再生手続であれば、申立て後も申立代理人が手続遂行にあたって中心的な役割を担うことになる。また、破産手続の場合には、申立て後の裁判所との面接において、破産手続開始申立てに至った事情や破産者の資産、負債の状況、当該事案における問題点などを的確に説明できるように準備する必要があるし、破産管財人が選任される事件においては、必要な調査等を尽くしたうえで、破産管財人に円滑に破産者の資産等を引き継がなければならない。

　そのためには、受任当初の段階で、必要かつ十分なヒアリングや資料収集を行うことが重要である。

　また、そもそも処理方針の決定（手続の選択）にあたっても、その

前提として、債務者の状況を正確に把握することが不可欠である（処理方針の決定については、本章 II 参照）。

2　依頼者からのヒアリング

(1)個人（非事業者）の場合　　依頼者が個人（非事業者）の場合は、資産や負債の状況のほかに、多額の負債を抱えることになった経緯（これまでの生活歴）、仕事の状況、住居の状況、家族関係、最近 3 か月程度の家計（収支）の状況などを確認する必要がある。

　特別な資産は有していないという場合であっても、自宅の状況を確認し、賃貸物件に居住している場合は、その契約内容や敷金額、未払賃料の有無などを把握する必要があるほか、自動車の有無、資産性のある保険や個人年金などの有無、退職金なども確認しなければならない。

　負債についても、債権者名やその連絡先とおおよその負債額を確認するだけではなく、**Case** のように貸金業者からの借入れがある場合には、取引履歴の開示を求めたうえで、過払金返還請求の可能性についても検討する必要がある。

(2)事業者の場合　　依頼者が事業者の場合は、資産や負債の状況のほかに、事業の概要やこれまでの経緯、資本関係、資金繰り、直近（最低でも 3 期分程度）の損益、従業員の有無（解雇手続の状況）、取引先の状況や取引関係（処理すべき契約関係の有無）、会社事務所の状況（賃貸借契約の内容）などを確認する必要がある。

　また、破産手続開始等を申し立てるために必要な情報を正確に把握するだけではなく、従業員を解雇すべきか否か、事務所の賃貸借契約や取引先との継続的な契約などを解除するといった対応が必要か否か、在庫品などの資産の管理をする必要があるか否かなどを迅速かつ的確に判断するという観点からもヒアリングは重要である。

　特に、事業を継続中の会社の場合には、破産に向けて弁護士が介入することによって、取引先をはじめとする利害関係人に生じる影響が

大きいということに留意しなければならない。

3 確認・収集すべき資料

　ヒアリングとともに、依頼者が現在に至るまでの経緯と資産・負債の状況がわかる資料を確認・収集する必要があるが、例えば、破産手続開始を申し立てるという場合には、裁判所に提出する申立書および添付資料を念頭に置きながら準備を進めるとよい（詳細は、第2章V参照）。

　代理人としては、依頼者から聴き取った資産や負債の状況などを前提に準備を進めることにはなるが、経済的に追い詰められた状況では、依頼者が自らの資産や負債を正確に把握しているとは限らない。したがって、依頼者から提出を受けた預金通帳から資金の出入りをチェックしたり、決算書（例えば、勘定科目内訳明細書）の確認や検討をしたりして、依頼者からの説明だけに頼るのではなく、代理人としても積極的に問題点の把握に努め、できる限り調査を尽くすという姿勢が求められる。

4 依頼者に説明しておくべき事項

　依頼者に対しては、破産その他の手続の意義や手続の流れ、債務者として守らなければならないルールなどを十分に説明しておく必要がある。この説明が十分になされないと、依頼者が偏頗弁済をしてしまったり（偏頗弁済については、本章VIII参照）、財産の隠匿行為をしてしまったり、という事態にもつながりかねない。

　破産手続や民事再生手続が適正かつ公平に進められるために、申立代理人には相応の役割を果たすことが期待されている。弁護士が依頼者の権利利益を擁護することは当然ではあるが（なお、弁護士職務基本規程21条は「弁護士は、良心に従い、依頼者の権利及び正当な利益を実現するように努める。」と規定している）、手続の公正や利害関係人の正当な利益といったことも考慮しなければならない（申立代理人の役割

については、第2章 I 参照）。

　また、依頼者との関係では、手続をとることにより依頼者に生じる影響を説明しておかなければならない。**Case** のように、破産手続開始申立てを予定している場合であれば、どの範囲の資産が自由財産として認められるのか（依頼者が個人の場合）、職業によっては破産手続開始決定を受けることが欠格事由となっていることがあるなど、「法的な影響」を説明することはもちろんとして、それとともに（場合によってはそれ以上に）、従業員や取引先に与える影響、クレジットカードは利用できなくなるなどの本人の生活に与える影響など、「事実上の影響」を説明することが重要である。

　なお、最近は、インターネットなどでも破産等の手続に関する情報を容易に入手できるため、依頼者がある程度の知識を有していることも多いが、そうした情報には依然として不正確なものが少なくない。そのため、依頼者が手続の流れや自身に生じる影響などについて誤解をしている可能性があるので注意が必要である。

【 *Answer* 】

　依頼者からのヒアリングや資料収集にあたっては、適切な処理方針の決定やその後の事案の処理という観点からはもとより、破産手続開始や民事再生手続開始の申立代理人としての役割を十分に果たすためにも、必要な事項に漏れが生じないように留意しなければならない。

　そのためには、ヒアリング事項や必要な資料をリスト化することが有効であり、あらかじめそうした書式を手許に備えておくとよい。とはいえ、必要とされるヒアリング事項や資料には、当然のことながら事案によって異なる部分もあるので、単にあらかじめ用意してあるリストをなぞるだけではなく、当該事案の特殊性を考慮した検討が必要である。

　相談時の代理人の対応が十分ではないと、依頼者が偏頗弁済や財産の隠匿行為などをしてしまうリスクが高まり、そのようなことがあれば債権者などの利害関係人に迷惑をかけるだけではなく、ひいては依頼者本人に不利益を生じさせることになるので、相談時の対応は極めて重要である。

II⋯処理方針の決定

Case

X株式会社は、工場を所有して機械部品などの製造を主たる事業としているが、長年にわたって赤字体質が続いている。近年は売上高が毎年減少して資金繰りが著しく悪化し、賃金の支払や借入金の返済などが滞るようになった。このように会社の経営状態は極めて厳しい状況にあるが、代表取締役のYとしては、知人から当面の資金繰りについて援助を受けるとともに、従業員のリストラを実行したり、借入金の減免を受けたりすることで事業を継続したいと考えている。

• • •

ノボル：機械部品の町工場を営んでいる会社の社長から相談を受けました。資金繰りが厳しく、このままでは経営が立ち行かないので債務を整理して再建したいということなので、民事再生を考えているのですが、経験が全くないので不安です。

兄　弁：そもそも民事再生手続をとることがいいのか、という点は検討したの？

ノボル：はい。破産か民事再生かと思うのですが、社長が事業の継続を希望しているので、民事再生しかないかなと考えています。

兄　弁：依頼者が希望しているとしても、そもそも再生計画をどうするか見通しが立っているのかな？　民事再生で本当に再建できる可能性があるのかを検討してから処理方針を決めた方がいいと思うよ。

ノボル：そうですね。ただ、民事再生手続で負債がカットされれば、会社を続けることはできると思うんです。

兄　弁：確かに民事再生で負債がカットされれば一息つけるとは思うけど、その会社の事業自体に将来性はあるの？

ノボル：えっ？

兄　弁：負債がカットされていったん身軽になれば一時的には資金繰りも楽になるのかもしれないけれど、赤字体質が変わらず、売上も減少していけば、結局資金繰りで行き詰まって事業が立ち行かなくなってしまうよね。

ノボル：確かにそうですね。

兄　弁：ところで、工場とか工作機械にも担保権が設定されているんじゃないかな。

ノボル：工場は銀行の根抵当権が設定されています。機械はどうかな……。

兄　弁：譲渡担保の対象になっていることもあり得るよ。例えば、工場について根抵当権が実行されてしまったら、そもそも事業は継続できないよね。

ノボル：銀行の理解を得る必要がありますね。

兄　弁：そうだね。こういう点の確認が不十分なままに民事再生手続を申し立てて結局破産手続に移行することになったら、依頼者にとっても不本意だろうし、協力してくれた従業員などにも迷惑がかかるから、慎重に考えた方がいいよ。もし、事業の再建が難しいということなら、今のうちに事業を譲渡して会社は清算するとか、破産手続を選択するとかいったことも検討した方がいいんじゃないかな。

ノボル：要するに、本当に再建の可能性があるのかをよく考えた方がいいということですね。

兄　弁：そうだね。再建を選択する方が費用もかかるし、当面の運転資金も必要になるし。

ノボル：運転資金については知人から援助を受けられると聞いています。

兄　弁：それがどのくらいあてになる話なのかは確認しないとね。それだけじゃなくて、従業員が協力してくれるか、取引先の理解を得られるか、債権者の理解を得られるか……。検討しなければならない項目はいろいろあるよ。民事再生手続をとることで発生する債務免除益への課税についても検討しておく必要があるし。

ノボル：税務的なところまでは全く考えていませんでした。もう一度、よく検討します。

Check List

□債務者の意向を十分に確認したか［→ **1**］

□債務をカットした後の事業の見通しを確認したか［→ **2**］

□再建手続を選択した場合の債務免除益課税について検討した
か［→ **2**］

□手続費用や当面の資金繰りを確保できるか［→ **3**］

□取引先など利害関係者の協力を得られるか［→ **4**］

□事業の継続に不可欠な資産は保全できるか［→ **2**］

□倒産処理にあたって他の選択肢を検討したか［→ **5**］

［ 解 説 ］

1　債務者の意向

　倒産処理手続は、大きく分けて、再建型（民事再生など）と清算型（破産など）に分けられる。倒産状態にある企業が再建を果たすことができれば、経営者だけではなく利害関係人にとってもメリットは大きいため、経営者自身が再建を望む場合には、様々な角度からその可否を検討することになるが、その前提として、どのような選択肢があり得るのかを把握しておかなければならない。倒産処理手続には、民事再生や破産のほかにも私的整理、特別清算などの選択肢もあり、またそれらに事業譲渡を組み合わせることも考えられる。代理人としては、そうした選択肢のメリット・デメリットなども検討した上で、依頼者に適切な助言をすることが求められる。

　なお、再建型の手続を選択する場合には、経営者に再建の強い意欲があることが前提となろう。事業の再建を果たすためには、民事再生手続などの手続をとればいいというものではなく、債権者の理解を得たり、取引先や従業員の協力を得たりする過程で経営者自身が果たす

べき役割も大きい。経営者としては、破産には抵抗があって「とりあえず」再建を望むということもあるため、再建に向けた様々な困難を乗り越えられるだけの強い意欲があるのか、当初の段階で十分に確認しておくとよい。

2　将来の事業の見通し等

(1)事業継続の見込みがあるか　　多額の債務負担に苦しめられている経営者は、債務のカットということだけに目が行きがちであるが、再建型の手続によって債務がカットされたとしても、その後の資金繰りや事業の収益性の改善などに見通しが立たなければ再建を果たすことはできない。すなわち、倒産処理手続によって債務の負担を軽減することはできても、事業を黒字化させるものではないということを理解しておかなければならない。

　Case のような事案では、売上高自体が減少傾向にあるというのであるから、債務をカットするだけでは事業の再建のための問題解決にはつながらない。そのような中で事業を立て直す具体的な計画がないままに民事再生手続を選択すると、いったんは既存の債務の負担から免れたとしても、事業は早晩行き詰まってしまう可能性が高い。このような事態は、依頼者にとっても好ましいものではないことが多いし、手続に協力してくれた従業員、取引先などの利害関係者にも迷惑をかけることになる。

　したがって、再建型の手続を選択する前提として、事業の継続に必要な資金を確保できる見通しがあるか、リストラ等によって赤字体質を脱することができるか、といった観点からの検討が不可欠となる。これについても、目先の返済の負担から免れることばかりに目が行って甘い見通しが立てられることが少なくないので、注意しなければならない。

(2)事業に不可欠な資産を維持できるか　　**Case** のような事例で事業を継続するためには、工場や工作機械など、事業の継続に不可欠な

資産が失われないことが前提となる。例えば、事務所や工場などの不動産には債権者が抵当権を設定していることがむしろ一般的であるから、その不動産が必要不可欠なものである場合には、抵当権を実行しないように協力を求める、任意売却によってスポンサーに譲渡してもらい、そのスポンサーから賃借するというスキームを組むなどの対応が求められる。

　したがって、処理方針を決定するにあたっては、事業の継続に必要不可欠な資産として何があるか、それらに担保権が設定されているか否か、担保権が設定されている場合には担保権者の協力を得られるかなどを確認しなければならない。

(3)債務免除益課税　　民事再生などの再建型の手続を選択した場合には、これによって債務がカットされることにより多額の債務免除益が発生する。これによって債務免除益課税が生じてしまうと、事業再建に支障を来すことになりかねないので、あらかじめ再生計画などによって生じる債務免除益をある程度想定し、これと相殺可能な繰越損失などがどの程度あるのか確認しておく必要がある。また、繰越損失等によって債務免除益をすべて消すことができない場合には、債務免除の発生時期を調整するなど、再建計画上の工夫を検討することもあり得る。

3　手続費用や運転資金の確保

(1)手続費用　　倒産処理手続を進めるには、代理人に対して支払う報酬等の費用以外に、裁判所への予納金などが必要となるので、そのための資金が確保できるかどうかは事前に確認しておかなければならない。特に、予納金については、選択する手続や事案によって金額が異なることはいうまでもないが、申し立てる裁判所によって基準や計算方法が異なるので、当該事案における管轄裁判所を確認したら、事前に裁判所に問い合わせるなどして見通しを立てておくとよい。

(2)運転資金の確保　　再建型の手続を選択するにあたっては、当面

（数か月分）の資金繰りが確保できるかどうかが重要なポイントとなる。相談の段階では、「援助してくれるといっている知人がいる」などという話がされることも少なくないが、窮乏している知人を見かねて好意からそのような申出をしてしまっただけということも考えられる。代理人としては、その実現可能性やどのようなスキームで資金の提供を受けられるのかなどをシビアに確認しなければならない。また、スポンサー候補者が例えば反社会的勢力とつながりがあるなど不適切な者ではないか、提供される資金の出所はどうなっているかなども併せて確認するとよい。

4　利害関係者の協力

　事業を再建するには、重要な取引先が引き続き取引を継続してくれることが不可欠であるが、取引先が倒産処理手続によって債務カットなどの負担を強いられる場合、以後の取引の継続には応じないという姿勢が示され、取引の継続が困難になることが多い。また、業種によっては、同業者の団体に所属する資格を失うなどして事業に大きな影響が生じることもある。

　このほかにも、事業の再建に必要な従業員の協力を得る（とりわけ、経理担当者など会社の財務状況、資金繰りなどを把握している従業員の協力は不可欠な場合が多い）、必要な事業所や工場などを引き続き確保する（この点については、2(2)参照）など、利害関係者の協力を得なければならない事項は多い。

　また、そもそも民事再生手続であれば、再生計画案について債権者の法定多数の同意を得られるかについて見通しを立てることも必要である。

5　倒産処理手続の選択肢

(1)どのような選択肢があるか　　倒産処理手続としては、破産手続、民事再生手続がポピュラーではあるが、この他にも、特別清算手続、

会社更生手続、私的整理などの選択肢もある。これらの手続には、それぞれに特徴やメリット、デメリットがあるので、事案に応じて適切な選択をすることが重要である。例えば、債権者数が少ない一方で破産手続によるデメリットが大きいような場合には、特別清算手続も視野に入れて検討をすべきであるし（特別清算手続については、第4章 II、III 参照）、民事再生手続よりも柔軟な処理がふさわしいと考えられる事案であれば、私的整理を選択することになる（私的整理については、第4章 VI 参照）。特別清算手続や私的整理などは、債務者の代理人となる弁護士にとっても馴染みが薄い場合が多く、つい敬遠しがちであるが、事案によっては破産手続や民事再生手続よりも関係者にとって満足のいく処理を実現できる場合もある。

さらに、私的整理の中にも、REVIC（株式会社地域経済活性化支援機構）、裁判外紛争解決手続の利用の促進に関する法律（いわゆる ADR 法）に基づく事業再生 ADR などを活用する準則型私的整理手続と呼ばれるものもある（準則型私的整理手続については、第4章 VII 参照）。

（2）処理方針決定の基準　破産手続などの清算型の倒産処理手続によるか、民事再生手続などの再建型の倒産処理手続によるかについては、上記のような観点からの検討によって判断することとなる。

また、私的整理か法的整理かについては、債務者（代理人）が主導して手続を進めることのメリットが大きいか否か、私的整理を行うのに重大な支障があるような事情はないか（例えば、私的整理に反対する債権者がいないか、など）、全体のスケジュール（一般的には私的整理の方が処理に要する期間が長引く傾向にある）などをふまえて判断すると良い。

（3）事業譲渡　倒産処理手続では、事業譲渡を組み合わせることがよくみられる。例えば、破産手続開始申立て前に事業譲渡を行い、譲渡後の会社を清算するとか、破産手続開始決定後に裁判所の許可（破36条・78条2項3号）を得て事業譲渡を行うなどの場合である。

なお、破産手続開始申立て前に事業譲渡をする場合には、これが債

権者を害することにならないか（詐害行為とならないか）という点に十分注意しなければならない。公認会計士などの協力を得て当該事業に関する適正な対価を客観的かつ公正な方法で算定することは必須であるし、あらかじめ（主要な）債権者の了解を得ながら手続を進めるなどの工夫も考えられる。

【 *Answer* 】

　倒産処理にあたっては、破産手続、民事再生手続をはじめとして様々な選択肢のメリット・デメリットをふまえて、当該事案にふさわしい方法を選択することが重要である。倒産事件では、多数の利害関係者がいることが通例であるから、債務者の意向だけで判断するのではなく、どのような手続をとることが債務者と債権者その他の利害関係者の権利関係を適切に調整できるのか、適正かつ公平な処理が可能となるのかなど幅広い視野で検討することが望ましい。したがって、依頼者が事業の継続や再建を希望しているというだけで、安易に再建型の倒産処理手続を選択するなどということは適当ではなく、再建型の手続を選択するにあたっては、最低限、事業の今後の見通し、資金繰りの確保、従業員や取引先の協力といった観点からの検討が必要である。

III …受任時の留意点

Case

X株式会社は、住宅の内装工事などを手掛けており、Yが代表者で株式の100%を保有している。ここ数年にわたる経営不振で金融機関などからの借入れの返済が困難になりつつあるほか、資金繰りも極めて厳しく、近々取引先への支払が滞ってしまう可能性が高い。X社の借入れの大半はYが連帯保証していることから、Yとしては、直ちに弁護士に介入してもらい、X社と自らについて破産手続開始の申立てに着手してもらいたいと考えている。

他方で、Yは、X社が請け負った工事の現場に詰めており、しばらく弁護士と面談することが難しい状況にある。

• • •

ノボル：先日、知人から、内装工事の会社と代表者の自己破産について相談に乗ってもらえないかという話があったんです。

姉 弁：依頼者を紹介してもらえたということ？　良かったじゃない。

ノボル：はい。自己破産の申立てなら何件か経験があるので引き受けたのですが、今回は特にスピーディーな対応が求められそうなんです。

姉 弁：取立てが厳しいとか？

ノボル：昨日、会社の代表者のYさんから電話があったので、弁護士が受任してから破産までの大まかな流れを説明したのですが、Yさんからは、月末の支払ができなくなりそうなので、早く介入通知を出してもらいたいと言われました。

姉 弁：月末って来週じゃない。じゃあ、すぐに対応しないといけないわね。

ノボル：はい。ただ、Yさんは、いま少し遠方の現場にかかりっきりで、月末ま

でに打合せの時間がとれないようなんです。会社には社員が1名いて、その方から必要な資料は送らせるので、それで対応してほしいと言われまして……。

姉　弁：その人は、会社の資産や負債の状況をわかっているの？

ノボル：会社の経理関係、事務的な仕事をすべて任せていて、Yさんの連帯保証についても承知しているそうなんです。

姉　弁：Yさん個人の資産や負債は？

ノボル：Yさんの奥さんとやりとりしてほしいということでした。

姉　弁：それで破産を申し立てるのに必要な情報が全部集められるのかしら。

ノボル：介入通知を出すくらいのところまでは何とかなるかなあと思っているんですが、ちょっと心配なんですよね。

兄　弁：必要な資料が揃うかという心配の前に、本人と面談をしないで受任して問題ないのか、よく考えた方がいいぞ。

ノボル：いや、ずっと会わないわけではなくて、今の現場が終われば時間が取れるので。

兄　弁：本来は、受任するにあたって面談するのが原則だろ。

ノボル：確かにそうですね。

姉　弁：どうしても受任する前にYさんと面談できないとしても、電話やメールで、必要な事項を説明したり、確認したりすることは必要でしょ。

ノボル：事件の見通しとか、そういうことですよね。

兄　弁：それだけか？　費用のことなんて、あらかじめ明確にしておかないと後でトラブルになりかねないよ。

ノボル：そうでした。介入通知をどうするかとか、その後の対応をどうするかとかいうことばかり考えていて、そのあたりのことはうっかりしていました。

兄　弁：「弁護士職務基本規程」とか「債務整理事件処理の規律を定める規程」とかにしっかり目を通しておかないと。委任契約書も忘れないように。

ノボル：よく確認します。

Check List

□受任時に説明すべき事項を説明したか〔→ **1**〕

□面談が困難な特段の事情がある場合の必要な対応をとっているか〔→ **2**〕

□破産手続開始申立てにおいて必要な情報を把握したか〔→ **3**〕

□破産手続に関する必要な説明をしたか〔→ **3**〕

□委任契約書を作成したか〔→ **4**〕

〔 解 説 〕

1 受任時の面談の必要性

(1)弁護士の説明義務　　弁護士は、事件を受任するにあたり、依頼者に対して事件の見通し等について適切な説明をすべき義務（説明義務）を負っている。この点について、弁護士職務基本規程29条1項は、「弁護士は、事件を受任するに当たり、依頼者から得た情報に基づき、事件の見通し、処理の方法並びに弁護士報酬及び費用について、適切な説明をしなければならない。」と規定しており、弁護士が最低限説明すべき事項として「事件の見通し」、「処理の方法」、「弁護士報酬」、「費用」が挙げられている。

(2)債務整理事件における規律　　さらに、債務整理事件（過払金返還請求事件を含む）については、日弁連の会規において、弁護士は、受任するにあたっては、あらかじめ債務者と面談して、債務の内容、債務者の資産、収入、生活費その他の生活状況、不動産を所有している場合は不動産処理に関する希望、その他債務整理事件の処理に関する意向を聴取しなければならないこととされている（債務整理事件処理の規律を定める規程3条1項）。

(3)面談が原則であること　　したがって、**Case** のような事例でも、

弁護士は、原則として受任前に依頼者と面談し、必要な説明を尽くすとともに依頼者の意思も正確に把握しなければならない。

2　面談が困難な事情があるときの対応

しかし、依頼者が遠方にいて直接面談することが難しい、緊急性が高い案件のため弁護士が事務処理に着手する前に面談の機会をもつことが難しいなど、弁護士が受任前に依頼者と面談することが困難な特段の事情がある場合もあり得る。そのような場合は、弁護士としては、電話、書面、ファクシミリや電子メールのやりとり、同居の親族とのやりとりなどを通じて、必要な説明や事情聴取を行う必要がある（債務整理事件処理の規律を定める規程3条2項参照）。

Case のような事例でも、Yとは電話や電子メールなどで必要事項の説明や意思確認などをするとともに、X社の社員やYの同居の親族を介したやりとりを尽くすことが重要である。

なお、面談することが困難な特段の事情がある場合でも、当該事情がやんだ後、速やかに依頼者と面談すべきであることはいうまでもない（債務整理事件処理の規律を定める規程3条1項柱書ただし書参照）。

3　破産手続開始申立てにおける面談の重要性

依頼者との面談は、単に弁護士に課されている説明義務を尽くすということにとどまらず、適切な助言や事件処理を行う上で極めて重要である。

依頼者が破産手続開始申立てを希望している事案であっても、資産や負債の状況によっては他の選択肢が考えられる場合もあるし、破産手続によってどのような影響が生ずるかについて依頼者が正確に理解していない場合もあり得る。

したがって、破産を考えているという相談を受けた弁護士としては、依頼者と面談し必要な資料の提供を受けることによって、依頼者の資産、負債の状況、今後の収入等の見通し、事業者であれば事業の状況

や取引先との契約関係、事務所の賃貸借契約、従業員との雇用契約等の内容などを正確に把握し、破産手続開始を申し立てることが依頼者にとって最善の選択肢であるかどうかを検討しなければならない。さらに、破産手続開始決定を受けることの効果や、これによって生ずる影響、破産手続の概要などを説明して、依頼者の意思を十分に確認することが必要である。

　実際の破産事件でも、破産者が換価される資産の範囲を誤解していたり、免責許可決定を受けても免責されない債務があることを理解していなかったりするケースが散見されるが、このようなことがあると、破産者と代理人弁護士との間でトラブルになりかねない。

4　委任契約書作成の必要性

(1)委任契約書の作成義務　弁護士が受任にあたり、あらかじめ依頼者と面談することが困難な場合は、委任契約書の作成を怠りがちであるので、注意を要する。委任契約書の作成は、受任の範囲や弁護士報酬等をめぐる依頼者とのトラブルを未然に防止するために極めて有効であり、例外的な場合を除いて、弁護士には委任契約書の作成義務があるとされている（弁護士職務基本規程 30 条 1 項）。

　Case のような事例であっても、委任契約書の作成は、書面のやりとり等によって可能であるが、仮にそうしたことも困難な事由がある場合には、その事由がやんだ後に作成しなければならないとされている（弁護士職務基本規程 30 条 1 項ただし書）。

(2)委任契約書の記載事項　なお、弁護士職務基本規程 30 条 1 項には、「弁護士報酬に関する事項を含む委任契約書を作成しなければならない。」と規定されているが、委任契約書に弁護士報酬に関する事項さえ記載すればよい、という意味に解すべきではない。

　日弁連会規では、委任契約書に記載すべき事項として「受任する法律事務の表示及び範囲」、「弁護士等の報酬の種類、金額、算定方法及び支払時期」、「委任事務の終了に至るまで委任契約の解除ができる旨

並びに委任契約が中途で終了した場合の清算方法」が挙げられている（弁護士の報酬に関する規程5条4項）。これ以外にも、立替費用の処理、預り金の処理などを盛り込むことが考えられる。もちろん、当該委任契約における特約事項などがあれば、これも契約書で明記すべきであり、事案に応じて必要な事項を漏れなく記載することが必要である。

【 *Answer* 】

　債務整理事件では、債務者が厳しい取立てにあっているとか、債権者における混乱を回避する目的があるとかいった事情で、弁護士が代理人として速やかに介入しなければならないケースも少なくない。そのような場合、弁護士としては迅速な対応が求められることはいうまでもないが、他方で、依頼者からの事情聴取や資料収集、依頼者に対する事件の見通しなどの十分な説明をおろそかにしてはならない。これは、単に弁護士として説明義務を尽くすということにとどまらず、事件の適切な処理や依頼者とのトラブル防止のためにも極めて重要である。委任契約書の作成など、弁護士として最低限とるべき対応については、弁護士職務基本規程や関係する日弁連会規などを確認するとよい。

◀ コラム ▶ 利益相反には敏感に!

　利益相反は、守秘義務とともに、弁護士の二大倫理といわれる。弁護士法25条、弁護士職務基本規程27条・28条の解釈は、なかなか難しい。しかし、利益相反行為をしたことによる懲戒処分はかなりの数に上っているから、要注意である。

　民事再生事件を受任した弁護士が利益相反を犯した判例がある（最決平成29・10・5民集71巻8号1441頁）。どういう事案かというと、ある会社から民事再生手続の依頼を受けて同申立ての準備を進めていたが、申立てまでには至らず、破産手続の開始申立てを余儀なくされ、その開始決定がなされた。その後、破産管財人は、民事再生申立ての準備期間中に発生した債権を請求し、同期間中の送

金行為を否認する訴訟を提起したところ、民事再生の委任を受けていた弁護士が、当該訴訟の被告訴訟代理人になったというものである。判決は、破産管財人が提起した訴訟は、破産手続開始前の破産会社の債権管理や財産の不当流出の防止に関するものであり、破産会社の財産に関する管理処分権は破産管財人に専属することからみると、弁護士法25条1号違反の有無を検討するにあたっては、破産会社と破産管財人とは同視されるべきである。したがって、弁護士が受任した事件は、「相手方の協議を受けて賛助した事件」に当たるとした。この弁護士は利益相反に無頓着でなかったかと思わざるを得ない。

　一昔前、破産管財人への就任打診をした某地方の裁判所の裁判官に、打診先の弁護士が「この会社の債権者には私の顧問先がありますから、受けられません」と答えたところ、「そんなことでは当裁判所の破産事件ははけませんよ」と言われたとの噂が聞こえてきた。また、裁判所の中には、事前に債権者一覧表を見て利益相反をチェックしたいと頼んでも応じてくれなかったところも多かったようである。今では、債権者一覧表を事前開示まではしなくとも、打診時点で主要債権者名を教示する裁判所もあるが、すべて同じではないようである。しかし、弁護士側から尋ねれば裁判所から回答を得ることが可能であろう。

　景気の安定、金融のあり方の変化（貸金業法による総量規制、株式による資金調達等）、社会構造の変化（優良事業のM＆A）等から、手間のかかる民事再生や会社更生はほとんど利用されず、破産事件も低迷しているが、往時の倒産件数が高水準の時代は、倒産、特に再建型倒産をメインとする弁護士は、金融機関とは顧問契約を締結しない人が多かった。私も、破産管財人に就任したところ、債権者の中に顧問先のリース会社があることを知り、どうしようか悩んだことがある。コピー機1台のリースだったので、裁判所には報告したうえで、そのまま管財人を続けたが、緊張を強いられたことは間違いなかった。

　倒産事件が少ないこの時代、倒産事件に関わりたい弁護士はどのように振る舞うべきなのであろうか。
　　　　　　　　　　　　　　　　　　　　　　　　（髙中正彦）

IV … 債権者への対応

> **Case**
>
> 　X株式会社は、実質的には代表取締役Yによる個人経営の工務店である。X社の経営状態が悪化して、新たな借入れ等が難しくなってからは、Yが個人で消費者金融などから借入れを行って、これを事業資金に充てるなどしてきたが、Yとしてはこれ以上の事業の継続は不可能と判断している。
>
> 　現在、受注した工事が数件続いており、その工事が完成して請負代金の支払を受けることができれば、その工事に関わった業者や職人への報酬は支払うことができる見込みがある。他方で、Yの個人の借入れの返済も滞っており、債権者からの督促や取立てが厳しくなっている。

・・・

ノボル：一人で工務店を営んでいるYさんなんですが、これ以上は事業を続けられないと判断したそうです。ボスから、至急対応を検討するように指示されました。

兄　弁：破産することになるのかな。

ノボル：そうですね。Yさんは、個人でもずいぶん借入れをしていて、そのお金を会社の事業資金に充てていたみたいです。最近、工事現場に債権者が取立てにきて大変だったと聞きました。

姉　弁：それは大変ね。急いで対応しないと。

ノボル：そうなんです。まずは、受任通知を債権者に送付して取立てを止めることが必要だと思っています。

兄　弁：この段階で受任通知を発送すること自体は問題ないの？

ノボル：え？　でも、受任したらすぐに通知を出しますよね。

兄　弁：基本はね。でも、今続いている工事への影響は大丈夫かな。

ノボル：そうか。確かに債務整理に入ったとなったら、今の工事に加わっている
　　　　業者とか職人さんが手を引いてしまうかもしれないですね。その工事の
　　　　代金を貰えなくなったら困るなあ。

兄　弁：Ｙさんへの取立てを止めて、平穏に生活できるようにしてあげることも
　　　　大事だけど、どのタイミングで受任通知を出すかはＹさんとも相談して
　　　　よく考えた方がいいんじゃないかな。

ノボル：確かにそうですね。

兄　弁：なるべく混乱が生じないような形で管財人に引き継げるように考えた方
　　　　がいいよ。

ノボル：よくわかりました。債権者一覧表をよく確認して、取引債権者にどう対
　　　　応するか考えます。

姉　弁：税金の滞納もあるのよね。

ノボル：まだ確認できていませんが、たぶんあると思います。

姉　弁：もし会社や個人で何か資産があるなら、受任通知を出したとたんに滞納
　　　　処分で差し押さえられちゃうこともあるけど。

ノボル：なるほど。その点からも考えないといけないなあ。事業が継続している
　　　　ときは、受任通知のタイミングも難しいですね。

姉　弁：そうね。でも、いい経験になると思うからがんばって。

Check List

□債権者の種類や債権者との関係を確認したか［→ **1**］

□受任通知を発送する時期について検討したか［→ **2**］

□取引債権者への対応を検討したか［→ **2(2)**］

□租税債権者の有無とそれに対する対応を確認したか［→ **2
(2)**］

□従業員への対応を検討したか［→ **3**］

[解 説]

1 債権者対応の重要性

　破産手続開始申立て等の準備を進めるにあたっては、債権者に対して適切に対応することが重要である。特に債務者が事業者の場合、金融機関など貸金債権を有する債権者だけではなく、多くの取引債権者や労働債権者、租税債権者など、それぞれ利害関係を異にする多数の債権者が存在する場合が多く、対応を誤ると債権者間で混乱を生じかねない。

　申立代理人としては、債務の状況を調査する際に、それぞれの債権者との関係（債権者の種類）を整理し、それをふまえた適切な対応をとるよう心がける必要がある。

2 受任通知の発送

(1)受任通知の意義　　弁護士が、破産手続開始申立てなどを予定している債務者の代理人に就任した場合、その旨と個別の回収行為を控えるよう求める旨などを書面で通知するのが一般的である。この受任通知によって、債権者に弁護士が介入したことを知らせ、貸金業者などの取立てを止めて債務者の生活の平穏を確保したり、債権者による個別の権利行使を思いとどまらせたりする効果が期待できる。

　なお、受任通知が、破産法上の「支払停止」に該当するかという点に関して、最判平成 24・10・19 判時 2169 号 9 頁は、「破産法 162 条 1 項 1 号イ及び 3 項にいう『支払の停止』とは、債務者が、支払能力を欠くために一般的かつ継続的に債務の支払をすることができないと考えて、その旨を明示的又は黙示的に外部に表示する行為をいうものと解される。」とした上で、「本件通知には、債務者である A が、自らの債務の支払の猶予又は減免等についての事務である債務整理を、法律事務の専門家である弁護士らに委任した旨の記載がされており、また、A の代理人である当該弁護士らが、債権者一般に宛てて債務

者等への連絡及び取立て行為の中止を求めるなどAの債務につき統一的かつ公平な弁済を図ろうとしている旨をうかがわせる記載がされていた」のであるから、代理人が債権者に通知を送付した行為は（そこに自己破産を予定している旨が明示されていなくても）、支払停止に該当すると判示している。ただし、この事案では、債務者は給与所得者であり広く事業を営む者ではないという事情が考慮されており、事業者の場合は別途の考慮が必要であると思われるので注意を要する（この点については、上記判決における須藤正彦裁判官の補足意見が参考になる）。

（2）受任通知の発送にあたって考慮すべき事項　債務者が個人（非事業者）の場合には、債権者による取立てを止めて生活の平穏を確保することなどを考え、債権者名や連絡先などを把握でき次第、直ちに受任通知を送付するのが望ましいケースが通常である（なお、貸金業者が取立てなどができなくなることについては、貸金業法21条1項9号を参照）。

　しかし、債務者が事業者であり、かつ事業が継続しているような場合には、受任通知を発送すべきか否か、発送するとして時期をどうするかなどについて慎重な検討を要する。例えば、破産手続開始申立ての場合であれば、次のようなことを考慮に入れて検討すべきである。

　（a）破産手続開始申立てまでの運転資金の確保　受任通知を送付すれば、手形などの決済ができなくなったり、預金口座がロックされて資金を引き出せなくなったりすることが考えられる。そのため、運転資金の確保のために事前に預金を引き出しておく必要はないか等を検討しておく必要がある。

　なお、資金を引き出して代理人が預かる場合には、預り金口座に資金を入れておくことになるが、預り金については、日弁連の会規である「預り金等の取扱いに関する規程」があり、口座の名義に預り金口座であることを明示する文字を用いなければならないことなどが定められているので、確認しておくとよい（この日弁連会規に対応した各弁

護士会の規律も併せて確認を要する）。

　(b) 取引先との取引が継続できなくなることの影響　　受任通知が送付されれば、取引先が新規の取引に応じなくなり取引の継続が困難になることが多い。一方で、弁護士が破産手続開始申立てに向けた準備を開始しているにもかかわらず、そのことを告げることなく取引を続けて多額の債務（買掛金）を負担し、結果としてそれらを支払うことなく破産手続の開始を申し立てたような場合は、取引先から詐欺行為であるなどの非難を受ける可能性もあるので、この点は慎重な対応が求められる。例えば、継続する取引は必要最小限の範囲に限定し、かつ現金で決済することで買掛金を発生させないなどの工夫も考えられる。

　(c) 租税債権者による滞納処分のリスク　　租税債権者に受任通知を発送した結果、債務者の有する不動産や債権などの資産が滞納処分による差押えを受けてしまうことが考えられるので注意を要する。

　(d) 秘密保持の必要性の検討　　混乱を防止したり、財産を保全したりする関係で、申立ての準備を秘密裏に進めることが要請される事案もある。このような場合は、受任通知を発送しないままで申立てに向けた準備を進めていくことになる。

　準備が不十分なままに破産手続開始申立てを予定していることが外部に漏れると、債権者が個別の回収に走って事業所や倉庫などに押しかけ、本来は破産財団に引き継がれるべき資産が散逸してしまうといった事態も考えられるので注意しなければならない。

3　従業員への対応
(1)協力を得る場合の留意点　　破産手続か、民事再生手続かを問わず、申立ての準備にあたっては、資産や負債の状況の正確な把握、資金繰りの確認などのために、会社の財務状況等を把握している経理担当者などの従業員の協力を得ることが不可欠な場合が多い。しかし、そのような準備が進められていることについては厳重に情報管理すべ

きであることは上記のとおりであり、従業員から情報が漏れてしまうことは避けなければならない。

　そのため、協力を得る従業員については、その範囲を必要最小限にとどめ、人選についても留意すべきである。特に、破産手続など会社の再建が予定されていないケースでは、そもそも従業員とすれば積極的に協力する意味が乏しいということも考えられるので、その必要性などを丁寧に説明するとともに、情報管理についても理解を得ることが必要である。

（2）労働債権者である従業員への対応　　会社が破産手続や民事再生手続などを申し立てる予定であることが従業員の知るところになれば、従業員の関心は、雇用契約がどのようになるのか、賃金等の労働債権がどのように取り扱われるのか等に向けられる。したがって、従業員の労働債権の法的な取扱い（例えば、財団債権か優先的破産債権か）、労働者健康福祉機構の未払賃金立替払制度についての説明、社会保険に関する諸手続などについて的確に説明できるように準備しておく必要がある。

　また、経理、総務などを担当する従業員の協力を得る必要がある場合には、個別に面接するなどして理解を得るようにすることが求められる。

【 *Answer* 】

　一口に「債権者」といっても、金融機関、取引業者、従業員など債権者の種類によって利害関係は様々である。また、債務者が個人（非事業者）なのか、事業者なのかによってとるべき対応は大きく異なる。したがって、債権者にどのように対応することが的確であるかは事案によって異なる。例えば、事業者の倒産の場合には、漫然と受任通知を発送してしまうと、却って混乱が生じるなどして破産手続開始申立て等の準備に支障が生じることにもなりかねない。また、秘密裏に準備を進めなければならない事案においては、どの範囲の従業員に対して事情を説明するかについて、情報管理や従業員の協力を得る必要性などの観点から慎重な検討が必要である。

◀ コラム ▶ 債権者に配慮した対応

　破産、民事再生をはじめとする倒産事件では、債権者から債務者に対して強い不満や怒りが示されるケースがある。そのような場合、債務者の代理人としては、手続ができるだけ円滑に進むように、債権者に対して手続の意義や今後の見通しなどを丁寧に説明して理解を得るよう努めることが求められるが、その際には、債権者には経済的損失をはじめとする多大な迷惑をかけてしまっているという自覚のもとに対応した方が良い。

　支払不能や債務超過の状態に陥った債務者が倒産手続を選択することは、法的には（あるいは経済的には）合理的な判断ではあるが、だからといって債権者もこれを理解し、手続に協力するのが当然と考えるべきではない。もちろん、不当な対応に終始する債権者に対して毅然とした対応が求められる場面もあるが、多くの場合には、債権者の心情に配慮して丁寧に対応し、債権者をいたずらに刺激しないように心がけるべきである。債権者の心情を害したことによって、円滑な手続の進行が妨げられるようなことになれば、債務者自身の不利益ともなりかねないのである。

　また、はじめのうちは債権者も倒産はやむを得ないという姿勢であったのに、債務者側の対応によって債権者の不満や怒りが増大してしまったというケースも少なくない。例えば、民事再生手続開始前に開催される債権者説明会における債務者側の振る舞いに対して債権者が不快感を覚え、それが債務者に対する不満に転化するような例がある。したがって、こうした場における債権者への説明や謝罪等の内容については、代理人は債務者との間で入念に打合せをする必要があるが、代理人自身もその振る舞いには注意しなければならない。代理人が会場に向かうエレベーターの中で談笑していた、服装が「チャラチャラ」していた、手続をとるのは当然というような物言いだった、といった些細なことで債権者を不快にさせることがある。代理人も「債務者側」の一員であるということを忘れてはならない。　　　　　（安藤知史）

Ⅴ…債務者の資産調査・管理

> ## Case
>
> 　Ｘは、金融機関からの借入れのほかに、親族や友人・知人からも多額の借入れをしているが、収入がほとんどない状況のため、これらの返済が困難になっている。他方で、Ｘは、相当程度の現金と株式を保有している。Ｘとしては、親族や親しい友人にはできるだけ迷惑をかけたくないと考えているが、負債の総額を考えると返済の見通しは立たず、破産手続開始申立てを検討している。

• • •

ノボル：相談を受けたＸさんから、資産や負債の状況を聴き取ったところ、返済の見通しが立たないので、破産手続開始申立てを前提として受任することになりました。

兄　弁：申立ての費用は準備できそうなの？

ノボル：資産としては、時価50万円くらいの株式のほかに100万円くらい現金があるので、費用は捻出できると思います。

兄　弁：それでも破産なのか。負債額がかなり大きいのかな。

ノボル：そうなんです。金融機関だけではなくて、親族や友人・知人からもかなりの額を借り入れています。その上、いまは収入もほとんどないので、破産しか選択肢はないかと。

兄　弁：それはやむを得ないね。現金は、Ｘさんの当面の生活費にも充てられるんだろうけど、破産手続の費用は確保しないといけないから、必要な額を預かっておいた方がいいね。

ノボル：はい、そうするつもりです。

兄　弁：親族とか友人・知人からの借入れも大きいということだけど、偏頗弁済

をしないように注意はしている？

ノボル：それは注意しました。ただ、親しい人にはできるだけ迷惑をかけたくな
いということを言っているので、ちょっと心配なんですが。

兄　弁：株式を現金化して費消してしまうようなことがないように気を付けない
と。

ノボル：そうですね。でも、今は株券を所持しているわけではないし、難しいで
すね。いわゆるネット証券会社に口座を持っているそうなので、売買も
簡単だし。

兄　弁：そうだね。でも、保有している株式を全部確認できる資料を出してもら
うことは逆に容易だよね。基本的には、Ｘさんに重々注意をして、信用
するほかないけど、定期的に口座の状況くらいは確認した方がいいかも
しれないね。ほかには財産はないの？

ノボル：特にないと聞いています。改めて確認した方がいいでしょうか。

兄　弁：うーん。まあ、依頼者の言うことをいちいち疑うわけにはいかないだろ
うけど、預金口座の履歴とか家計の状況なんかをよく確認して、気にな
る点があったら確認した方がいいんじゃないかな。

ノボル：わかりました。

兄　弁：とにかく、財産を隠していたり、偏頗弁済をしたりすることのリスクを
きちんと説明して、理解してもらうことだね。

Check List

□ 債務者の資産の内容を確認したか［→ 1］
□ 財産の散逸を防止するための措置を講じたか［→ 2］
□ 財産の隠匿や偏頗弁済の問題点を説明したか［→ 3］

［ 解 説 ］

1 資産状況の把握

　破産手続等の法的整理をするにしても、私的整理をするにしても、代理人弁護士としては債務者の資産状況を正確に把握しなければならない。これは、適切な処理方法を判断し、破産手続等の申立てを適切に行うために必要であるだけではなく、例えば破産手続の場合には、破産管財人が円滑に財産の換価等を行うにあたって、申立代理人による調査は極めて重要な意味をもっている。

　資産調査は、債務者からのヒアリングを基礎として進めることが基本となるが、債務者の説明が必ずしも正確であるとは限らない。そもそも債務者が自らの資産状況を正確に把握していないということはしばしばあるし、債務者が経済的に追い詰められた状況にある場合にはなおさらである。また、後述するように債務者が財産を隠匿する誘惑にかられる可能性も考えておかなければならないので、債務者の説明を「鵜呑み」にするだけの調査では十分とはいえない。

　まずは、ヒアリングすべき事項に漏れが生じないように、確認項目をリストアップした一覧表を作成しておいて、それに基づいてヒアリングを行うなど、ヒアリングの方法自体を工夫するとともに、提出を受けた決算書や預金通帳（銀行の取引履歴）、契約書などの客観的資料を代理人弁護士において精査し、疑問点があればそれを依頼者に確認するなどの対応が求められる。

2 財産の散逸防止

(1)代理人の責務　　債務者の代理人にとって資産調査と並んで重要なのは、財産の散逸防止に努めることである。例えば、破産手続開始申立ての準備を開始した場合、将来開始される破産手続が適正に進められるようにするためには、債務者の財産を保全することは極めて重要である。

こうした財産の散逸防止義務は、本来は依頼者である債務者自身が負うものではあるが、代理人弁護士は法律の専門家としてこの点について適切な措置を講じたり、債務者が不適切な行為に及ばないよう十分に注意を払ったりしなければならない。仮に、代理人弁護士がこの点に何ら意を用いず、結果として財産が散逸してしまったような場合には、代理人弁護士の対応自体も問題とされかねない。破産手続における申立代理人が債務者の財産散逸防止のための適切な措置を講じなかったことについて、申立代理人に損害賠償義務を認めた裁判例もある（東京地判平成 25・2・6 判タ 1390 号 358 頁など）。すなわち、代理人が財産散逸を防止するために適切な措置を講ずることは、単なる道義的責任にとどまるものではなく、法的責任であるという意識で対応する必要がある。

（2）財産の散逸を防ぐための工夫　　経済的に追い詰められた状況にある債務者については、親族や親しい知人など自身と近い関係にある（破産手続等によって迷惑をかけたくないと考える）債権者、厳しい取立てをしてくる債権者などに偏頗弁済をしたり、現金や高価な動産など、外からは見えにくい財産を隠匿したりといった行動をとる可能性が一定程度存する。代理人弁護士としては、後述のとおり、そのような行為が法的にも許されないものであること、後日発覚したときに大きな問題になり得るものであることなどを十分に説明して依頼者の理解を得るように努めることは当然として、それ以外に、次のような工夫が考えられる。

　（a）**代理人弁護士による財産の保管・管理**　　例えば、実印、預金通帳やキャッシュカード、銀行印、有価証券等、保険証券などの各種の証書、高価な動産（貴金属など）、自動車のキーなどを代理人弁護士が依頼者から預かり、保管しておく。ただ、これによっても依頼者の手持ち現金のような財産については不当に費消されやすいという問題は残る。また、近時は、銀行取引や株式の売買などはインターネット上で行うことができる。取引履歴や保有する株式のリストなどの入手

が容易である反面、不用意に費消されてしまうリスクは高いので、このような財産を依頼者が保有している場合には、特に注意が必要である。

(b) **迅速な事務処理**　代理人弁護士が資産調査や申立ての準備等に時間を要すれば、それだけ財産散逸のリスクは高まることになる。代理人弁護士としては、迅速かつ的確な事務処理を心がけなければならない（この点については、第1章 **VI** 参照）。

(c) **定期的な確認**　依頼者自身が保管し、または管理する財産については、代理人弁護士がその状況を定期的に確認するなどして、財産の散逸等を可及的に防止することが考えられる。

3　財産の隠匿行為や偏頗弁済の問題点

　代理人弁護士としては、依頼者に対して、債務者が資産を隠匿したり、偏頗弁済をしたりすることがあれば、例えば破産手続では、破産手続開始決定後に当該行為が破産管財人によって否認されることはもとより（破160条以下）、免責の許可が得られなかったり（破252条）、場合によっては詐欺破産罪（破265条以下）に問われたりすることもあることなどを説明し、理解を得る必要がある。

　Case のような事例では、依頼者が「迷惑をかけたくない」というような親しい関係にある債権者に対して偏頗弁済をした場合に、当該弁済行為が破産管財人によって否認されるようなことがあると、弁済を受けた債権者に却って迷惑をかけることになりかねないこと、免責不許可という事態になれば破産をした実質的意味がなくなってしまうことなどを、わかりやすく説明することが有効である。

　また、いわゆる「ヤミ金」からの借入れがあり、厳しい取立てをおそれている場合も偏頗弁済が行われやすい。このような場合は、代理人弁護士が不当な取立てに毅然として対応することが必要である。

4 依頼者が財産の隠匿行為等を行おうとしている場合の対応

　代理人弁護士は、依頼者が資産の隠匿行為や偏頗弁済等を行おうとしていることを知った場合には、当該行為の法的問題点（上記3のとおり）を説明するなどして、これを思いとどまらせるように努めなければならない。

　なお、依頼者からこうした行為を行うことの可否について相談を受ける場合もあり得る。そのような場合に弁護士自身が判断を誤り不適切な助言をしてしまうと、資産の隠匿行為等を助長したなどという指摘を受けることにもなりかねないので、慎重な検討を心がけるべきである（なお、弁護士職務基本規程14条は「弁護士は、詐欺的取引、暴力その他違法若しくは不正な行為を助長し、又はこれらの行為を利用してはならない。」と規定している）。

　万一、代理人弁護士の説得に応じず、依頼者が財産の隠匿行為等を行おうとするときには、依頼者との信頼関係が喪失したものとして、辞任等の対応を検討せざるを得ない。

　この点については、弁護士職務基本規程43条が、「弁護士は、受任した事件について、依頼者との間に信頼関係が失われ、かつ、その回復が困難なときは、その旨を説明し、辞任その他の事案に応じた適切な措置をとらなければならない。」と規定していることが参考になる。なお、同43条の解釈にあたって注意すべきは、信頼関係が失われた場合に弁護士が辞任さえすれば良い、というものではないという点である。上記のとおり、同43条では、信頼関係が失われてその回復が困難であることを「説明」した上で、辞任その他の事案に応じた「適切な措置」をとらなければならないとされており、辞任はあくまで「適切な措置」の一つを例示したものである。

　また、やむを得ず辞任する場合であっても、その事情を丁寧に説明するなどの対応も必要となる。

【 *Answer* 】

　代理人には、債務者の資産の内容を調査するだけではなく、破産手続開始等の申立てに向けて、資産を適切に管理し、その散逸を防止するよう努める責務がある。資産内容の調査は、依頼者からの説明に基づいて行うことが基本ではあるが、説明を「鵜呑み」にするのではなく、提供を受けた客観的資料を精査して疑問点がないか確認するといった対応が求められる。

　また、依頼者に対しては、財産の隠匿行為や偏頗弁済などをすることがないように、それらが許されないものであること、そうした行為が発覚すれば自分自身が大きな不利益を被ることなどを説明しておくとよい。

　特に Case のような事例では、親族や親しい友人には迷惑をかけたくないという思いから偏頗弁済に及びやすいので、それによって債権者にも却って迷惑をかけることになりかねないということも併せて説明することが有効である。

VI …申立てまでのスケジュール

Case

X は、ギャンブルや浪費などによって消費者金融などからの借金が重なり、債権者への返済が不可能な状態になっているため、破産手続開始申立てを考えている。また、X には預貯金はなく、アルバイト収入でぎりぎりの生活を送っている。そのため、破産手続に要する費用を直ちには用意できないが、過払金を回収すれば、ある程度の現金は用意できる可能性がある。X としては、早期に債権者への返済を止めた上で、破産手続に要する費用を準備したいと考えている。

• • •

ノボル：無料法律相談で、自己破産の依頼を受けました。ただ、全くお金がないらしく、弁護士費用どころか印紙代などの実費も用意できないみたいなんです。

兄　弁：民事法律扶助は利用できないの？

ノボル：それは考えています。ただ、借金が膨らんだ原因がギャンブルや浪費なので、管財事件になると思うんですよ。となると、引継予納金も用意しなければならなくて。

兄　弁：これから費用を準備するということ？

ノボル：はい。ただ、過払金がある程度あるようなので、その回収を図るか、少しずつお金を積み立ててもらうか……。

兄　弁：申立てまでのスケジュールは、ある程度は組んでいるよね？

ノボル：いえ。まずは取立てを止めて、費用をどうやって準備するかは、それからゆっくり検討すればいいかなあと。

兄　弁：確かに弁護士が介入したら、債権者からの取立ては止まるけど、いくら

でも時間をかけてもいいというものではないよ。

ノボル：でも、過払金を回収するにしても、お金を積み立ててもらうにしても、ある程度の時間は必要ですよね。

兄　弁：そのために必要な時間をかけちゃいけないということではないけれど、受任通知を出した後で、いつまで経っても具体的なスケジュールが決まらないというようなやり方はしない方がいいと思うよ。債権者から問い合わせを受けたときにも十分な説明ができないし、場合によっては債権者からクレームを受けかねないよ。

ノボル：確かにそうですね。でも、過払金がいくらになるのかも現時点ではわからないので……。

兄　弁：自分でお金を積み立ててもらうとしたらどのくらいの時間が必要かはわかるでしょ。それに、破産管財人に引き継ぐ分の予納金だったら、東京地裁では、破産手続開始決定後に分割で支払うという方法もあるから、だいたいどのくらいの期間があれば申立ての準備が整うかはある程度は予定を立てられるよ。債権者のことを考えたら、なるべく速やかに処理しないと。

ノボル：わかりました。その点も考えて、なるべく早期に申立てができるようにスケジュールを考えたいと思います。

兄　弁：事件放置みたいなことにならないようにね。

ノボル：気をつけます。

Check List

□申立てまでのスケジュールを検討したか［→ **1**］

□必要以上に時間をかけるような計画になっていないか［→ **1**、**2**］

□申立費用をどのように用意するかを検討したか［→ **3**］

[解説]

1 申立てまでのスケジュールの策定

　破産手続開始申立て等を受任した弁護士は、当該事案に応じて申立てまでのスケジュールを検討することになる。**Case** の事案のように、個人が消費者金融等から借入れをしていて返済に追われているという事案では、受任後速やかに受任通知や債権の調査用紙を発送する必要があるため、その段階では、どのような手続を選択するかが決まっていないこともある。しかし、債権者から調査用紙（回答）が返送されるなどして、依頼者の資産や負債の状況なども把握できたにもかかわらず、いつまで経っても申立てまでのスケジュールが明確にならないという事態は好ましくない。**2** で述べるとおり、申立代理人には速やかな事件処理が要請されるのであるから、受任通知発送の段階で、債権の調査用紙の返送には適当な期限を設定し、回答がない債権者には個別に問い合わせるなどして資産や負債の状況等の速やかな把握に努め、申立てまでのスケジュールを早期に策定することが必要である。

2 速やかな事件処理の重要性

(1)弁護士が負っている義務　　一般論として、弁護士は、事件を受任したときは、速やかに着手し、遅滞なく処理しなければならないとされている（弁護士職務基本規程 35 条）。これは、受任者が負う善管注意義務（民 644 条）に基づく弁護士の基本的な義務の一つとされている。もちろん、弁護士が事件に着手するにあたり、依頼者による事前準備などが必要な場合もあるが、その場合でも、依頼者が速やかに事前準備できるように助言や指示をすべきであるし、弁護士も事前準備が終わり次第、速やかに着手できるよう準備を整えておく必要がある。

　事件放置は、弁護士の懲戒事由の中でも最も多い類型であり、注意が必要である。はじめは放置するつもりはなくても、忙しい、資料が多く確認に手間がかかるなどの理由で処理をつい後回しにした結果、

ずるずると時間が経過してしまい、ついに懲戒事由に該当するような事件放置に至ってしまうということが少なくない。

とりわけ、いわゆる消費者破産のようなケースで個人から破産手続開始申立てを受任しているような場合、受任通知を発送して取立てを止めた時点で依頼者も安心し、代理人弁護士が依頼者から早期に申し立てるように催促されたり、事件の進捗状況について問い合わせを受けたりすることがなくなるような場合もあり、事件放置につながりやすい。しかし、代理人弁護士のこのような対応は、依頼者に不利益をもたらすだけではなく、債権者をはじめとする利害関係者に多大な迷惑をかけるものであることを十分に理解しなければならない。このようなことを防ぐためにも、あらかじめスケジュールを策定し、それに沿った事件処理を心がけることが重要である。

(2)事件放置が問題となった事例　この点に関しては、弁護士が破産手続開始申立てを受任し、受任通知を発送してから2年間破産手続開始申立てをせずに放置したケースにおいて、当該弁護士による破産管財人に対する不法行為が認められ、この間に散逸した財産相当額の損害賠償義務を認めた裁判例がある（東京地判平成21・2・13判時2036号43頁）。

この裁判例では、「〔破産手続の目的のために〕債務者は、破産手続開始とともに破産財団を構成することとなる財産について、破産手続開始の前後を問わず、債権者のために保全することが求められ」るとし、「債務者から破産申立てを受任した弁護士は、債務者が負担するこのような責務を果たすべく指導するとともに、債務者に代わりこれらの責務を遂行することにより、早期に債務者をその負担から解放し、もって債務者の利益を実現する」のと併せて「破産手続の目的実現に協力するという公益的責務を遂行する者であり、このような立場から、債務者の財産を保全し、可及的速やかに破産申立てを行い、その財産を毀損することなく破産管財人に引き継ぐことが求められるのである。」と判示されており、申立代理人の責任を考えるにあたって参考

になる。

(3)財産散逸の防止　やむを得ない事情によって、破産手続開始を
申し立てるまでに一定の時間を要するような場合には、代理人弁護士
としては、破産管財人に引き継ぐべき財産の散逸を防止するための措
置を講ずることが必須である（第1章V参照）。上記の裁判例では、こ
のような財産散逸防止の措置を講ずることについて「法令上明文の規
定に基づく要請ではない」としつつも、「破産制度の趣旨から当然に
求められる法的義務というべきであり、道義的な期待にとどまるもの
ではない」と明言されている。

3　申立費用の準備

(1)資産の換価　破産手続開始申立てを受任した弁護士は、依頼者
の資産については、その散逸や毀損を防ぎつつ破産管財人に引き継ぐ
ことが基本である。

　特に、いわゆる消費者破産のケースにおいては、破産手続開始申立
て前に資産を換価するのは例外的な場合にとどまるが、依頼者が申立
費用等を捻出できないという場合には、例えば過払金を一部回収して、
それらの費用等に充てるということがあり得る。しかし、こうした場
合であっても、資産の換価によって申立てが著しく遅滞するようなこ
とがないようにしなければならない（資産の換価については、第2章III
参照）。

　また、資産の換価によって得た金員を代理人弁護士の報酬に充てる
場合には、後日、破産管財人から、弁護士報酬が高額に過ぎるという
指摘を受けることがないように留意しなければならない（本章VII参
照）。

(2)費用の積立て等　申立費用等を捻出できない場合に、受任通知
を発送して取立てを止めた上で、依頼者の毎月の収入から申立費用等
を積み立てさせるという方法がとられる場合もあるが、この場合も、
代理人弁護士は、できるだけ速やかに申立てができるように依頼者に

助言や指導をすべきであり、万一にも、実態は弁護士が事件の処理を放置しているだけではないかといった誹りを受けないようにしなければならない。

　なお、東京地裁では、いわゆる少額管財手続がむしろ標準的な手続となっており、最低20万円の予納金があれば破産手続開始申立てが可能である。また、その金額すら用意できない場合には、破産手続開始決定後に予納金を分割して支払う（破産管財人に引き継ぐ）という運用も行われているので、事案に応じて、そのような方法も検討するとよい。

【 *Answer* 】

　Case のような、いわゆる消費者破産のようなケースでは、受任通知を発送して貸金業者などからの取立てを止め、依頼者の生活の平穏を確保することが代理人弁護士の重要な役割であるが、その目的を達したからといって、その後の事件処理に無用な時間を費やすことがないようにしなければならない。

　処理方針を決定するために必要な調査等を速やかに行い、破産手続開始申立てをすると判断した場合には、そこに向けたスケジュールを策定して、迅速に破産手続開始申立てに向けて処理を進めることが求められる。事件の処理が遅滞することは、債権者をはじめとする利害関係者に多大な迷惑をかけることになり、それによって財産が散逸するリスクも高まる。また、弁護士には、速やかな着手と遅滞なき処理が求められており、これを怠れば懲戒事由にもなりかねないので注意が必要である。

VII … 弁護士報酬の決め方

Case

A弁護士は、X株式会社とその100％株主で代表者のYから自己破産の申立てを受任することとなった。Yには資産は全くなく、予納金やA弁護士に対する着手金等はすべてX社の資産から用立てる予定であるが、A弁護士に対する着手金について、Yは、X社が有している現預金は約300万円あり、その範囲内で破産手続の費用と弁護士費用がまかなえるのであればいくらでも構わないとの意向を示している。なお、A弁護士の事務所の報酬基準では、自己破産の申立ての着手金は、法人については50万円、個人については20万円を最低額とし、債権者数、負債額、事務処理に要する労力に応じて定めることとなっている。

• • •

ノボル：A先生と一緒に相談を受けていたX社と代表者のYさんについて、自己破産の申立てを受任することになりまして、A先生から弁護士報酬をどのように定めるか検討するようにと指示を受けたのですが、いくらくらいにすればよいのか悩んでいます。

兄 弁：X社とYさんは、どういう状況なの？

ノボル：事業は既に停止していて、従業員も解雇済みなので、資産や負債の状況さえ整理できれば申立てができる状況です。

兄 弁：依頼者とは協議したのかな。

ノボル：X社の現預金が約300万円あるんですが、Yさんからは、その範囲内で破産手続の費用とA先生への報酬がまかなえれば、報酬額はいくらでも良いと言われています。

兄　弁：事務所の報酬基準は確認したよね？

ノボル：はい。法人は 50 万円、個人は 20 万円が着手金の最低額なんですが、Y さんはいくらでも良いと言ってくれていますし、債権者数も 20 名くらいいて、法人の申立てはそれなりに労力もかかるので、全部で 200 万円くらいいただいてもいいかなと思っていますが、どんなものでしょうか。

兄　弁：え……200 万円はちょっと高い気がするけど。債権者数が 20 名なら、特に多いということもないし、法人の申立ては労力がかかるといっても、だから報酬基準で最低額が個人より高くなっているわけでしょ。

ノボル：ただ、Y さんには、200 万円でも同意してもらえると思いますし、裁判所への予納金も十分確保できますよ。

兄　弁：弁護士報酬は、依頼者が同意していればいくらでももらっていいというものじゃないだろ。それに、着手金の額に合理性がないと、破産管財人から否認される可能性だってあるよ。

ノボル：否認のことは考えていませんでした。

兄　弁：最低額でなければならないということもないけれど、申立てや破産手続開始後の対応で予想される労力をふまえて、過大という指摘を受けない範囲で検討して提案しないと、A 先生に怒られるぞ。

ノボル：よくわかりました。もう一度考えます。

Check List

☐ 報酬基準を確認したか［→ **2**］

☐ 弁護士報酬に関する規律を確認したか［→ **1**］

☐ 弁護士報酬を決めるにあたり考慮すべき事項を検討したか
　［→ **2**］

☐ 破産管財人による否認の可能性を検討したか［→ **3**］

〔 解説 〕

1　弁護士報酬に関する規律

　かつては、弁護士法において、弁護士会および日弁連において弁護士報酬の標準を会則中に規定しなければならないとされていたが、平成 15 年に弁護士法が改正され、この規制がなくなった。それにより、弁護士は報酬額や算定方法を自由に定めることができるようになったが、ここには一定の規律が存する。

　日弁連会則では、「弁護士の報酬は、適正かつ妥当でなければならない。」と規定され（日弁連会則 87 条 1 項）、「弁護士の報酬に関し必要な事項は、会規で定める。」とされている（同条 2 項）。これを受けて、日弁連の会規である「弁護士の報酬に関する規程」では、「弁護士等の報酬は、経済的利益、事案の難易、時間及び労力その他の事情に照らして適正かつ妥当なものでなければならない。」と規定されている（同 2 条）。

2　弁護士報酬をどのように決めるべきか

(1)報酬基準　　弁護士は、各自が報酬基準を作成しなければならず（弁護士の報酬に関する規程 3 条 1 項）、ここには、報酬の種類、金額、算定方法、支払時期およびその他弁護士の報酬を算定するために必要な事項を明示しなければならないこととされている（同条 2 項）。

　したがって、弁護士報酬の算定は、場当たり的なものであってはならず、各自の報酬基準に基づいて算定する必要がある。

(2)適正かつ妥当なものでなければならない　　弁護士報酬が適正かつ妥当なものでなければならないことは上記のとおりであるが、この点については、弁護士職務基本規程 24 条でも「弁護士は、経済的利益、事案の難易、時間及び労力その他の事情に照らして、適正かつ妥当な弁護士報酬を提示しなければならない。」とされている。

　このうち「その他の事情」としては、事件の見通し、依頼者の資力

や支払能力といった事情のほか、事件処理の結果や依頼者が受けるべき実質的利益、事件処理のために特別の調査・研究を要するか否かなど、様々な事情が考えられる。

　また、特に注意を要するのは、自ら定めた報酬基準に基づいて弁護士報酬の額を算定して、これについて依頼者と合意さえしていれば、どのような高額な報酬であっても常に許される、というわけではないということである。例えば、依頼者が得た利益の大半が弁護士報酬となってしまい、かつ報酬自体も非常に高額であるというような弁護士報酬の定め方は問題であり、仮に当初は依頼者もそれに同意していたとしても、後日問題となった場合には、当該報酬は適正かつ妥当ではないという評価を受ける余地があるが、この点は、破産事件等においても同様である。

　Case のような事案では、依頼者からすれば、代理人の報酬がいくらになろうとも自己の利害とは関係がなく（仮に報酬が低額であったとしても、残余の財産は破産管財人に引き継がれるため）、高額な弁護士報酬であっても依頼者が同意する可能性は高いが、受任する弁護士は、あくまで事件処理に要する労力など諸般の事情を総合的に考慮して、適正かつ妥当な報酬を算定しなければならない。

（3）十分な説明の重要性　　弁護士報酬についての説明が十分ではないために、弁護士が依頼者等とトラブルになるケースは少なくなく、これは破産事件も例外ではない。受任にあたり弁護士報酬に関する必要な事項を盛り込んだ委任契約書を締結すべきであることは当然であるが（本章 **III** 参照）、弁護士報酬については、単に委任契約書に必要な事項を記載するだけではなく、その金額、算定方法、支払方法などについて依頼者に説明を尽くし、理解を得ておくことが重要である。

　例えば、個人を依頼者とする破産事件では、免責許可決定を受けた後に報酬金を支払う旨の委任契約が締結される場合もあるが、依頼者は破産によって資産と負債を清算しているのであるから、金額や支払方法の定め方には留意が必要であるし、破産手続が終了した後に報酬

金が生じることについて、依頼者にも十分な説明をしておくべきであろう。

(4) 債務整理事件の規律　　債務整理事件については、日弁連会規である「債務整理事件処理の規律を定める規程」において、弁護士報酬の上限額が定められているので、注意を要する。

3　破産管財人による否認の可能性

　破産事件の申立代理人が得る報酬は、破産手続における共益的な費用であるから、適正かつ妥当な報酬である以上は、その支払を受けたことについて否認などの問題は生じない。

　しかし、申立代理人が客観的にみて適正かつ妥当とはいい難い報酬を得ている場合には、破産管財人による否認権行使の対象となり得る。具体的には、報酬自体が不当に高額である場合、容易に回収できる売掛金を回収してこれについて多額の報酬金を得ている場合（東京地判平成22・10・14判タ1340号83頁参照）、過払金の返還を受けこれについて多額の報酬を得ている場合などが考えられる。

　この点に関しては、神戸地裁伊丹支決平成19・11・28判タ1284号328頁が「その金額が役務の提供と合理的均衡を失する場合、合理的均衡を失する部分の支払行為は、破産債権者の利益を害する行為として否認の対象となりうる。」とし、相当な弁護士報酬の額については、当事者の意思よりも客観的な相当性が重視される旨を判示しており、参考になる。

　申立代理人の報酬額が著しく高額であるというような特殊な場合を除けば、破産管財人が、申立代理人の報酬額に疑問を感じる場合の多くは、申立代理人がなすべき調査が行われていない、保全すべき財産が保全されていないなど、破産管財人からみて、申立代理人がその役割を十分に果たしていないというケースである。したがって、申立代理人としての役割（第2章Ⅰ参照）を十分に理解し、誠実に職務を遂行することも重要である。

【 *Answer* 】

　弁護士報酬は、「適正かつ妥当」なものでなければならず、依頼者が同意しているからといって不当に高額な報酬を受け取ることが許されるわけではない。**Case** のような事例では、依頼者としては弁護士報酬の多寡に関心があまりないことから、高額な報酬でも同意をする可能性が高いが、弁護士は弁護士職務基本規程などの趣旨に沿った対応を心がけなければならない。特に、破産事件においては、後日、破産管財人から弁護士報酬が過大である等の指摘を受けないように、事案の難易や事件処理に要する労力などをふまえ、客観的に相当な報酬額を算定するよう留意する必要がある。

VIII…詐害行為、偏頗行為の防止

Case

　Xから破産申立事件を受任し、申立代理人として、各債権者に受任通知を送付する等して、申立てに向けて準備を進めていたところ、Xから、契約中の生命保険契約について、契約者名義を妻に変更したいとの相談があった。また、Xの給与明細書を確認したところ、勤務先からの借入金に対する返済について、毎月の給与から天引きされていることが判明した。

• • •

ノボル：Xから生命保険の契約者の名義を妻に変更できないかとの相談がありました。Xは、持病を抱えていて、生命保険を解約すると新たに契約するのは難しいとのことなのですが、なんとかしてあげられないでしょうか？

姉　弁：そうした事情があることはわかるけど、現時点で、保険契約の契約者名義を親族等の第三者に変更すれば、保険契約上の地位を贈与したものとして、破産手続において、無償行為否認の対象になるし、免責の許可が受けられなくなることだって考えられるわ。

兄　弁：契約者貸付制度を利用していて、解約返戻金が換価対象となる金額以下になっている場合もあるから、まずはそれを確認する必要があるね。また、親族等に用立てしてもらって解約返戻金相当額を破産財団に組み入れることで、解約を免れることも検討できるよ。こうした方法ではなく、契約者名義を変更してしまうのは、まずいよ。

ノボル：やはり、そうですよね。それと、Xに持参してもらった給与明細書を確認したところ、勤め先からの借入金への返済として、毎月の給与から天引きされていることがわかりました。

姉　弁：Xの債権者には受任通知を既に送付済みで、Xは支払停止の状態にある
　　　　　し、今後も勤め先が返済金を天引きすることは、偏頗弁済として否認の
　　　　　対象になるわ。勤め先には受任通知を送ってないの？

ノボル：Xが勤め先に知られることを嫌がっていまして……。

兄　弁：気持ちはわかるけど、勤め先も債権者の一人なのだし、特別扱いするわ
　　　　　けにはいかないよ。給与明細書は、破産申立ての際の添付資料として提
　　　　　出する必要があるし、裁判所や破産管財人がチェックすれば、すぐにわ
　　　　　かることだしね。

姉　弁：このまま放置すれば、Xが免責の許可を受けられなくなることもあるし、
　　　　　ノボルくん自身も知りながら放置したとなれば、裁判所や破産管財人か
　　　　　ら、申立代理人としての責任を問われることにもなるわよ。

ノボル：Xによく説明し、勤め先に受任したことを知らせて天引きを中止しても
　　　　　らうよう説得します。

兄　弁：この機会に、Xには、否認制度等について改めて説明して、否認対象行
　　　　　為に及ばないように、よく注意しておいた方がいいね。それと、破産手
　　　　　続における申立代理人の立場や役割についても説明して、どうしても指
　　　　　示などに従ってもらえない場合は、辞任せざる得ないことも説明してお
　　　　　いた方がいいだろうね。

Check List

□否認対象行為について、類型ごとに要件を理解しているか
　[→ **2**]

□受任にあたり、依頼者に対し、否認対象行為に及ばないよう
　に指導・監督したか [→ **3**]

□依頼者が否認対象行為を行っていたことが判明した場合に、
　適切に対応したか [→ **4**]

[解説]

1 否認の意義

　破産者は、破産手続開始決定前は、本来、自由に自己の財産の処分をすることができる。しかし、破産者が、もはや破産申立てに至る危機的状態にありながら、廉価処分等の財産を減少させる行為（詐害行為）や破産債権者間の平等を害する本旨弁済等の行為（偏頗行為）を行った場合、破産債権者を害することとなる。そこで、破産法では、破産手続開始後、一定の要件の下、破産管財人が、破産債権者のために、これらの行為を否認することができるとされている（破160条～165条）。

2 否認の要件

　破産法は、詐害行為と偏頗行為の否認を分けて規定している。

(1)詐害行為の否認　　詐害行為の否認は、以下の類型により、その要件が異なる。

　(a) 財産減少行為の否認の要件　　廉価売却等の財産減少行為の否認は、その対象行為の行われた時期を問うか問わないかで要件が異なる。

　対象行為の時期を問わない場合の否認の要件は、①破産者が詐害意思をもって破産債権者を害する行為（財産減少行為）をしたこと、②受益者がその行為の当時破産債権者を害することを知っていたことである（破160条1項1号）。①については、破産者の詐害意思を要し、破産管財人がその証明責任を負う。②については、受益者が破産債権者を害することを知らなかったことにつき証明責任を負うが、受益者に過失があったか否かは問わないと解されている（最判昭和47・6・15民集26巻5号1036頁参照）。

　対象行為の時期を支払の停止等の後に限る場合の否認の要件は、①破産者が支払の停止または破産手続開始の申立て（支払の停止等）が

あった後に破産債権者を害する行為をしたこと、②受益者がその行為の当時支払の停止等があったことおよび破産債権者を害することを知っていたことである（破160条1項2号）。破産者の詐害意思の立証は不要とされ、①については破産管財人が、②については知らなかったことにつき受益者が、それぞれ証明責任を負う。

なお、無償行為否認（破160条3項）を除き、破産手続開始の申立ての日から1年以上前にした行為は、支払の停止があった後にされたものであることまたは支払の停止の事実を知っていたことを理由として否認することはできない（破166条）。

(b) 詐害的債務消滅行為の否認の要件　　債務消滅行為のうち消滅した債務より債権者の受けた給付額の方が過大な詐害的債務消滅行為については、その消滅した債務の額に相当する部分以外の部分（過大な部分）に限り、否認の対象となる（破160条2項）。この場合、財産減少行為に代わり詐害的債務消滅行為をしたことが要件となるが、上記（a）と同様に、対象行為の時期を問うか問わないかで破産者の詐害意思の要否が異なり、また、破産者の行為等については破産管財人が、受益者の不知については受益者が、それぞれ証明責任を負う。

(c) 相当の対価を得てした財産の処分行為の否認　　相当の対価を得てした財産の処分行為であっても、金銭への換価等によって、その価値の費消・隠匿が容易になる場合には、責任財産の実質的減少とみなされ、詐害行為として否認の対象となる（破161条）。この場合、①当該行為が、不動産の金銭への換価その他の当該処分による財産の種類の変更により、破産者において隠匿、無償の供与その他の破産債権者を害することとなる処分（隠匿等の処分）をするおそれを現に生じさせるものであること（同条1項1号）、②破産者が、当該行為の当時、対価として取得した金銭その他の財産について、隠匿等の処分をする意思を有していたこと（同2号）、③相手方が、当該行為の当時、破産者が隠匿等の処分をする意思を有していたことを知っていたこと（同3号）が要件となる。①～③のすべてについて、破産管財人が証

明責任を負うが、相手方が破産者の親族または同居者、破産者が法人の場合における理事、取締役等の役員、株式会社の議決権の過半数を有する者等である場合、③の相手方の悪意が推定される（同条2項）。

(d) 無償行為　　破産者が支払の停止等があった後またはその前6か月以内にした無償行為およびこれと同視すべき有償行為は、否認の対象となる（破160条3項）。このような時期における贈与、債務免除、権利放棄等の無償行為は破産債権者を害することは明らかで、また、無償行為であることから相手方の利益を考慮する必要もないことから、破産者の詐害意思や受益者の悪意は要件とされていない。

最判昭和62・7・3民集41巻5号1068頁は、破産者が対価を得ることなく行った保証は、たとえそれと引換えに債権者が主債務者に対して出捐をしたとしても、無償行為に当たるとし、このことは、主債務者と保証人との間に、会社とその代表者という密接な関係がある場合でも変わらないとした。

なお、客観的な弁護士報酬の相当額を超える支払行為が無償行為に当たり否認の対象となり得るとした裁判例（神戸地裁伊丹支決平成19・11・28判タ1284号328頁、東京地判平成23・10・24判時2140号23頁）について、第2章 **III** の **4** 参照。

(2)偏頗行為の否認　　偏頗行為の否認の要件は、以下のとおりである。

(a) 偏頗行為　　偏頗行為否認の対象となるのは、支払不能後または破産手続開始の申立て後に、既存の債務についてされた担保の供与または債務の消滅に関する行為である（破162条）。債務の消滅に関する行為には、弁済、相殺、更改、代物弁済、免除などが含まれる。

既存の債務に対する担保供与や債務消滅行為に限られ、救済融資で新規融資を受ける際の担保提供のように同時交換的行為の場合は、偏頗行為否認の対象から除外されている（破162条1項柱書かっこ書）。

最判平成5・1・25民集47巻1号344頁は、破産者が特定の債務の弁済に充てる約定の下に借り入れた金員により当該債務を弁済した

場合において、①借入債務が弁済された債務より利息などその態様において重くなく、②破産者が、当該約定をしなければ借入れができず、③貸主および弁済を受ける債権者の立会いの下に借入れ後その場で直ちに弁済をしており、当該約定に違反して借入金を他の使途に流用したり、借入金が差し押さえられるなどして当該約定を履行できなくなる可能性も全くなかったなどの判示の事実関係の下では、破産債権者の共同担保を減損するものではなく、破産債権者を害するものではないと解すべきであるから、当該弁済は否認の対象とならないとした。

なお、本旨弁済は、詐害行為否認の対象とはならない（破 160 条 1 項柱書かっこ書）。

(b) 支払不能後または破産手続開始の申立て後の行為であること

支払不能とは、債務者が、支払能力を欠くために、その債務のうち弁済期にあるものにつき、一般的かつ継続的に弁済することができなくなる状態をいう（破 2 条 11 項）。支払不能であるか否かは、弁済期の到来した債務について判断すべきであり、弁済期が到来していない債務を将来弁済できないことが確実に予想されても、弁済期の到来している債務を現在支払っている限り、支払不能とはいえないとした裁判例がある（東京地判平成 22・7・8 判時 2094 号 69 頁）。

破産法 162 条 1 項各号の適用については、支払の停止があった後は、支払不能であったものと推定される。ただし、支払の停止は、破産手続開始の申立て前 1 年以内のものに限られる（同条 3 項）。支払の停止とは、債務者が支払能力を欠くために一般的かつ継続的に債務の支払をすることができないと考えて、その旨を明示的または黙示的に外部に表示する行為をいう。

最判平成 24・10・19 判時 2169 号 9 頁は、債務者の代理人である弁護士が債権者一般に対して債務整理開始通知を送付した行為は、①当該通知に、債務者が自らの債務整理を弁護士に委任した旨ならびに当該弁護士が債権者一般に宛てて債務者、その家族および保証人への連絡および取立て行為の中止を求める旨の各記載がされていたこと、

②債務者が単なる給与所得者であり広く事業を営む者ではないことなど判示の事情の下においては、当該通知に債務者が自己破産を予定している旨が明示されていなくても、破産法 162 条 1 項 1 号イおよび 3 項にいう支払の停止に当たるとした。

(c) 債権者の悪意　　受益者である債権者の悪意の対象は、偏頗行為の時期で異なり、支払不能後は、破産者に支払不能または支払の停止があったことについて（破 162 条 1 項 1 号イ）、破産手続開始の申立て後は、その申立てがあったことについて（同号ロ）、債権者が悪意であったことが必要である。これらの証明責任は破産管財人が負うが、債権者が、破産者の親族または同居者である場合、破産者が法人で、その理事、取締役等の役員、株式会社の議決権の過半数を有する者等である場合、さらに、偏頗行為が破産者の義務に属せず、またはその方法もしくは時期が破産者の義務に属しないものである場合は、債権者の悪意が推定される（同条 2 項）。

(d) 破産者の義務に属しない行為　　偏頗行為が、破産者の義務に属せず、またはその時期が破産者の義務に属しない行為であって、支払不能になる前 30 日以内にされたものである場合は、債権者は自らがその行為の当時他の破産債権者を害することを知らなかったことについて証明しない限り、否認の対象となる（破 162 条 1 項 2 号）。

3　否認対象行為の防止

破産が避けられない危機的状態に陥った債務者が、自らや親族、知人等の特定の債権者のために、十分な法律知識がないままに、否認の対象となる詐害行為や偏頗行為に及んでしまうことは容易に想定される。

したがって、申立代理人としては、受任に際し、依頼者（債務者）が否認対象行為に及ばないよう指導、監督する必要がある。具体的には、受任にあたり、詐害行為や偏頗行為を行った場合、①破産管財人に否認され（破 160 条～165 条）、得た利益の返還等が求められること

があること、②個人の債務者であれば免責が許可されないことがあること（破252条1項1号・3号）、③法人の役員であれば、損害賠償請求されることがあること（破177条〜179条）、④詐欺破産罪（破265条）や特定の債権者に対する担保の供与等の罪（破266条）に問われることもあることを説明することとなる。加えて、破産者等には、破産管財人等に対する説明義務（破40条）や重要財産開示義務（破41条）があり、これらの義務に違反した場合、⑤個人の債務者であれば免責が許可されないことがあること（破252条1項11号）、⑥破産者等が説明を拒み、または虚偽の説明をしたとき等には、説明および検査の拒絶等の罪（破268条）や重要財産開示拒絶等の罪（破269条）に問われることもあることを説明しておく必要がある。依頼者（債務者）が否認対象行為に及ばないよう、その財産保全のため、依頼者から、預金通帳と印鑑、不動産の登記済証（登記識別情報）等を預かっておくことも検討すべきである。そして、依頼者には、今後、何か行うときには、都度、事前に相談するよう指示しておくことが肝要である。

　また、申立代理人は、受任後に、依頼者から否認対象行為に該当するかの相談を受け、該当すると判断した場合、当該行為を行わないように指導することとなる。申立代理人の指導・説得にもかかわらず、依頼者が従わない場合は、依頼者との間の信頼関係が失われ、かつ、その回復が困難なときに当たるといえるから、依頼者にはその旨を説明し、辞任することもやむを得ない（弁護士職務基本規程31条・43条参照）。依頼者の不当な行為を知りつつ申立てを行った場合、申立代理人自身が損害賠償請求される可能性があること（東京地判平成21・2・13判時2036号43頁、東京地判平成25・2・6判タ1390号358頁参照）や、懲戒の対象（弁護士法56条1項）となることに留意すべきである。

4　既になされていたことが判明した場合の対応

　依頼者が否認対象と疑われる行為を既に行っていたことが判明した

場合、申立代理人としては、依頼者から事情聴取し、当該行為が否認対象行為の各類型の要件に該当するかを検討することとなる。そして、該当すると判断する場合には、依頼者に、これ以上同様の行為に及ばないよう注意するとともに、まずは任意での原状回復について、その相手方と交渉することが必要となる。交渉をしても原状回復が難しい場合は、少なくとも現状を維持し、これ以上の財産の減少等が生じないように措置を講じた上、申立てに際し、当該行為に至った事情、事態判明後の交渉経過等を記載した上申書等を作成し、添付資料を揃え、裁判所や破産管財人に引き継いで、その判断を仰ぐこととなる。

　この点、依頼者が当該行為を裁判所や破産管財人に告げないことを望んだ場合、申立代理人が、依頼者の意思に反して告げると、依頼者に対する秘密保持義務（弁護士法 23 条、弁護士職務基本規程 23 条）に反することとなる。他方、破産者等だけでなく、申立代理人も説明義務を負い（破 40 条 1 項 2 号）、破産管財人等から説明を求められた場合に説明を拒み、または虚偽の説明をすれば、刑事罰に問われることにもなる（破 268 条 2 項）。

　したがって、依頼者をできる限り説得したにもかかわらず、依頼者が応じない場合、申立代理人としては、上記のとおり進退両難に陥ることになるから、辞任することもやむを得ないと思われる（弁護士職務基本規程 31 条・43 条参照）。受任の際、依頼者に対し、破産手続における申立代理人の義務、役割等を説明し、万一こうした事態に至った場合は、辞任せざるを得ない旨をあらかじめ伝えておくことも必要であろう。

【 *Answer* 】

　Case のように、依頼者には様々な事情があることが想定されるが、申立代理人としては、破産手続における自らの役割等を意識した上で、依頼者を指導、監督する等して、適切に対応しなければならない。

　生命保険について、破産申立ての準備中に契約者名義を変更することは、

無償行為として否認の対象となり（破160条3項）、免責不許可事由にも該当するから（破252条1項1号）、変更することは許されない旨をXに指導することとなる。

　勤め先からの天引きについては、Xが勤め先に破産申立てを知られることを嫌がったとしても説得して、勤め先に受任通知を送付する等して天引きを中止するよう申し入れる必要がある。強硬な勤め先がその中止に応じないようなこともあるかもしれないが、そうした場合は、破産管財人に対し、その交渉経過等も報告する等して引き継ぎ、破産管財人による対応を促すこととなる。

第 2 章

破産手続

Ⅰ…申立代理人の役割

Ｃａｓｅ

　土木工事の請負等を目的とするＸ株式会社は、メインバンクからの借入金の返済等につき数か月前から遅滞しており、さらに約１か月後に複数の大口の債務につき支払期限を迎えるが、その支払資金の目途は立っていない。Ｘ社は、Ａが代表取締役、Ａの長男Ｂが取締役、Ａの妻Ｃが監査役を務め、従業員数は５名である。Ｘ社の事務所は賃借物件で、トラックや重機を数台所有し、元請け等への売掛金が若干あり、下請けとして施工中の現場がある。Ｘ社の負債総額は約7000万円で、ＡとＢは、Ｘ社のメインバンクからの借入金につき連帯保証しているほか、それぞれカードローン等の借入れがある。

・・・

ノボル：昨日、所長と一緒に入った法律相談で、相談者であるＸ社と代表取締役Ａ、取締役Ｂが破産申立てをすることになり、所長から申立ての準備をするよう指示されました……。

姉　弁：なんか、あまり乗り気じゃなさそうね。

ノボル：破産の申立てって、前向きな話ではないように思いますし、申立てに必要な書類の準備など機械的な作業が中心で、弁護士としての腕の見せ所がないような気がして……。

兄　弁：確かに、少人数の弁護士で、多くの事務員を雇って、大量の破産申立事件を取り扱っているような法律事務所もあるね。

ノボル：がんばればがんばった分、報酬が貰えるという案件ではないように思いますし、モチベーションが上がらないというか……。

姉　弁：費用に関しては、確かにそういう面もあるかもしれないわね。でも、破

産などの倒産処理法の分野は、「法律問題のるつぼ」と言われていることを聞いたことはないかしら。

ノボル：どういうことでしょうか？

兄　弁：倒産処理は、ありとあらゆる場面に遭遇する可能性があり、それらを円滑に処理するためには、破産法以外の多くの分野の法律に通じ、弁護士として蓄積してきた経験や法的知識をフル活用して臨む必要があるということだよ。

姉　弁：破産手続は、依頼者を経済的に破綻した状態から救い出し、一旦リセットして、次のステップに進めるようにする法的手段ともいえるわ。他面、依頼者の利益だけでなく、従業員や債権者などの多くの関係者に影響することになるから、そうした関係者の利害にも配慮しなければならない。申立代理人は、破産手続に最初に関わる弁護士として、その役割はとても重要よ。

兄　弁：特に最近は、申立てまでのスピードが厳しく求められている。それと、依頼者は、自分に近い身内や一部の関係者の損害をできるだけ少なくなるようにしたり、少しでも財産を残そうと財産隠しをしたりするようなケースもある。弁護士がそれに巻き込まれて、後日、責任を追及されることもあるから、それらに対する注意も必要だね。破産申立ては、まさに弁護士としての腕や感覚が問われる案件ともいえるかもしれないよ。

ノボル：俄然やる気が出てきましたが、同時に自分がきちんと対応できるか不安にもなってきました……。引き続き、アドバイスをよろしくお願いします。

Check List

☐破産法の目的を理解しているか［→ 1］
☐申立代理人の役割を意識しているか［→ 2］
☐破産手続の意義、概要等について、依頼者に十分な説明を行ったか［→ 3(1)］

□依頼者との連絡方法を確保し、定期的かつ密な連絡をとっているか [→ 3(2)]

□委任契約書を作成し、適正かつ妥当な報酬を提示したか [→ 3(3)]

□申立てに向けて迅速かつ十分な準備を進めているか [→ 3(4)]

[解 説]

1 破産法の目的

　破産法は、支払不能または債務超過にある債務者の財産等の清算に関する手続を定めること等により、債権者その他の利害関係人の利害および債務者と債権者との間の権利関係を適切に調整し、もって債務者の財産等の適正かつ公平な清算を図るとともに、債務者について経済生活の再生の機会の確保を図ることを目的としている（破 1 条）。

2 申立代理人の役割

　破産手続が適正に処理され、破産法の目的を達成するためには、破産手続が開始する前の債務者が経済的に破綻した段階から適正な処理がなされていることが前提となるから、その処理を担う申立代理人の役割は重要である。破産手続では、個別の債権・債務の処理と異なり、集団的な債権・債務の処理を行うことになるところ、申立代理人の対応・処理が、依頼者である債務者だけでなく、債権者等の多くの関係者の利害に影響を及ぼすことになる。したがって、申立代理人は、単に債務者の代理人としてその利益を擁護、実現するだけでなく、債務者が偏頗弁済や財産の不当処分等の債権者の利益・平等を損なうような行為を行わないように指導するとともに、破産財団を構成すべき財産を不当に減少・散逸させて債権者に損害が発生しないように財産保

全に努め、可及的速やかに破産手続開始の申立てを行うことが求められている。そして、申立代理人の適正かつ迅速な処理が、依頼者の経済生活の再生の機会の確保にもつながることとなる。

3　申立代理人が留意すべき事項

　申立代理人が留意すべき事項としては、以下の点が挙げられる。

（1）依頼者に対する破産手続の意義、概要等の十分な説明　　破産手続をとることは依頼者にとって大きな決断である。破産手続開始の申立ての依頼を受けた弁護士は、依頼者に対し、破産手続の意義や位置づけ、破産手続をとった場合のメリット・デメリット、申立てまでの対応や破産手続開始後の手続進行や権利義務関係等といった基本的な事項について、依頼者に十分に説明し、その理解を得る必要がある。破産手続をとることに伴う資格制限や信用情報機関への登録、また主債務者の会社が破産することで、連帯保証人である代表者ら個人に対する金融機関等からの請求が現実化し、連帯保証人個人の預金が凍結され生活費等が引き出せなくなるといった不利益事項についても説明しておかなければならない。

　なお、依頼者は、事によると、破産手続をとることで、自らの家族だけでなく、従業員や取引先等に迷惑をかけることについて、自責の念に駆られることになる。破産手続をとることが、多くの関係者に多大な迷惑をかけることに間違いはないが、適正な処理を行うことで、そうした関係者の損害を最小限に留め、自らだけでなく関係者にとっても、次のステップに進むために用意された法制度であることを依頼者に認識させ、依頼者が必要以上に精神的に追い込まれたりしないようにすることも、申立代理人としての重要な役割といえよう。

（2）依頼者との連絡方法の確保、定期的かつ密な連絡　　依頼者は、破産手続をとることを決断するまでに、資金繰り等に奔走し、それでも自らが築き上げてきたものが目の前で崩れ落ちていくことに、疲弊していることも想定される。破産手続をとることで、債権者らが会社

や自宅に押しかけてくるのではないかと不安を感じていることもあろう。加えて、身内や特定の関係者の損害をできる限り少なくしようと偏頗弁済をしたり、自らの今後の生活を慮り、不当な財産処理等をして、財産隠しを行うようなことも考えられる。したがって、申立代理人としては、依頼者に寄り添い、その不安などをできる限り払拭し、かつ、依頼者が万が一にも不当な財産処理等をしないように指導するとともに、依頼者との間で、緊急事態にも備えた連絡方法を確保し、定期的かつ密な連絡をとることを心がけるべきある。こうした対応が、依頼者との信頼関係の構築へと繋がり、適正な破産手続を進めるための申立代理人としての役割を果たし、また依頼者の裏切りなどにより後日自らの責任を問われるような事態を招くことを防ぐことにもなる。

(3)委任契約書の作成、適正かつ妥当な報酬の提示　　他の事件と同様に、破産事件を受任するにあたっても、受任の範囲や弁護士報酬等をめぐる依頼者とのトラブルを未然に防止するため、委任契約書の作成は必須である。弁護士職務基本規程30条1項は、委任契約書の作成義務を定めており、近年は、委任契約書を作成しなかったこと自体を懲戒事由とする懲戒請求事例が多数発生していることに留意すべきである。

　また、弁護士報酬は、当該役務提供との関係で、適正かつ妥当なものでなければならない（弁護士職務基本規程24条、弁護士の報酬に関する規程2条）。そして、申立代理人の報酬は、破産財団を構成することが予定された債務者の財産が充てられることが通常であるから、適正かつ妥当な範囲を超える場合は、破産管財人から否認権を行使されることにもなる（東京地判平成23・10・24判時2140号23頁参照）。特に、申立ての報酬以外に、過払金返還請求や売掛金の回収等の資産換価回収行為に係る報酬も請求する場合は、それらの報酬額が適正かつ妥当であることはもとより、その前提として破産手続開始前に申立代理人が資産換価回収行為をすること自体の相当性が問題になることにも留意すべきである（東京地判平成22・10・14判タ1340号83頁参照）。

弁護士報酬および費用について合意するにあたっては、依頼者に対して適切な説明をしなければならない（弁護士職務基本規程29条1項、弁護士の報酬に関する規程5条1項、債務整理事件処理の規律を定める規程4条1項）。また、弁護士費用を説明したり、委任契約書に記載するにあたっては、依頼者（債務者）に誤解が生じないように努めることなども求められている（債務整理事件処理の規律を定める規程5条）。

(4)申立てに向けての迅速かつ十分な準備　破産事件では、受任後迅速に着手し、申立てに向けて速やかに準備を進めることが求められる。申立代理人の受任から破産手続開始の申立てまでの間に時間がかかると、破産財団を構成すべき財産の散逸、費消、偏頗弁済、詐術を用いた借入れ等の問題が生じやすくなるためである。破産申立てを受任した弁護士が申立てをしないまま2年間放置した事案において、破産財団に生じた損害につき受任弁護士の破産管財人に対する不法行為責任を認めた裁判例がある（東京地判平成21・2・13判時2036号43頁）。また、申立代理人としての財産保全義務や速やかな申立てをなすべき義務を懈怠したこと等を懲戒事由とする懲戒事例も存する。

とはいえ、申立てまでに必要な期間については、事案の内容、資産・負債の規模、債権者数、関連事件の有無、必要書類の準備に必要な依頼者の協力度合いや依頼者の対応、弁護士費用が分割払の場合における弁護士費用の支払状況等により異なる。

この点、法人（個人事業者も含む）の破産手続開始の申立て時期については、当該法人が事業を継続中か、事業停止から間がない場合か、または、事業停止から時間が経過しており、法人としての実体がなく資産もないような場合か等によっても異なる。ただし、事業停止から相当の時間を経過していて法人の実体も資産もないような場合でない限り、申立代理人としては、基本的には速やかな申立てを心がけ、当該法人の資産保全措置を講ずるとともに、破産手続開始の決定後に、破産管財人が直ちに管財業務に着手することができるように準備を行う必要がある。申立てに必要な書類に多少の不備があったとしても、

後日の補正・追完による対応も可能であり、速やかな申立てを優先すべき場合もあろう。

　以上のとおり、個人、法人のいずれであっても、申立代理人には、基本的には速やかな申立てが求められるが、例えば東京地裁破産再生部では多くの破産事件につきいわゆる少額管財手続がとられているところ、申立代理人の中には、当初から管財手続希望で申立てをするにあたり、引継予納金の最低額である20万円の用意だけをして、事案の把握や資産関係、免責不許可事由の有無等の調査も不十分なまま破産管財人にすべて任せるといった姿勢の者も見受けられる等と指摘されていることにも留意すべきである。申立代理人による速やかな申立ては、申立て前に事案を十分に把握し、当該事案に応じた適切な調査等を尽くしていることが当然の前提であることはいうまでもない。

【 *Answer* 】

　申立代理人は、破産法の目的を理解し、適正な破産手続を行うために最初に関与する弁護士としての役割の重要性を認識した上で、当該事案を十分に把握し、依頼者（債務者）の財産保全の措置を講じつつ、事案に応じた調査等を尽くして、速やかな破産手続開始の申立てを行うことが求められている。

　Case の場合、X 社が受任時点では事業を継続中であるが、約1か月後に複数の大口の債務支払期日が迫る中、A らとの連絡手段を確保して、早急に必要書類や財産調査等の準備を進めながら、事業の停止時期を見極め、破産申立て前の従業員の解雇の要否、トラックや重機等の処分の要否、事務所の明渡しの要否、受任通知発送の適否等を判断した上、できる限り早い時期の X 社らの破産申立てを目指すこととなる。

◀ コラム ▶ 破産管財人の業務（初級編）

　破産管財人に選任される初めの頃は、比較的簡易な案件が割り当てられるのが通例と思われる。東京地裁破産再生部の例でいえば、少額管財事件で、換価対象財産はなく、個人事件のいわゆる免責調査型、管財人報酬額は 20 万円の案件などである。簡易な案件で、報酬額が最低額に留まるからといって、もちろん手を抜いていいわけではない。こうした案件への対応いかんが、裁判所から信頼を得て、その後もコンスタントに選任を受け、そして、将来の大型案件、高額報酬案件の選任にもつながると心して、取り組む必要がある。

　まずは申立書の副本を受領し、申立代理人と破産者本人との初回面談までの間の記録精査が重要である。簡易な案件であれば、ファイル 1 冊に収まる程度の記録と思われるが、特に預金通帳の取引履歴は細かくチェックする。債権者一覧表に記載されている者以外に振込みや引落しはないか、財産目録記載の保険以外に保険料の引落しがないか等、申立書記載の各事項との整合性、不自然なお金の流れがないかなどのチェックである。申立書の記録精査により疑問点等があれば、初回の面談時に、申立代理人らに説明や対応を求めることになる。

　破産手続開始の決定後は、転送郵便物や債権届をチェックする。債権届添付の取引開始時の契約書に、返済用の引落し口座として、申立書にない破産者名義の口座が記載されていたり、クレジットカードの取引履歴から、申立書にない物品購入や浪費等が判明することがある。これらの書類についても、受領したら速やかにチェックすることが必須である。

　管財業務では、思わぬ問題に遭遇し、その対応、処理に迷うこともよくある。参考文献等にあたり、明確な答えがあればよいが、内容として微妙に違っていたり、ふれられていないことも多い。そうした事態に備え、日頃から気軽に相談できる、破産案件を多く扱う先輩弁護士や同期などを見つけておくことも必要であろう。最終的

には裁判所に相談することになるが、十分な検討により（一応の）答えを出してから相談することが肝要である。

　簡易な案件であれば、第1回債権者集会までに、つつがなく管財業務を終える。東京地裁破産再生部の例では、破産財団が40万円以下の場合は、特記事項がない限り、事前に債権者集会打合せメモを裁判所にFAX送信する必要はない扱いであるが、毎回、その対応した業務内容を細かくまとめて報告書として提出する破産管財人もいるようである。

　以上は、破産管財人の初期案件への対応の一例であるが、参考にされたい。　　　　　　　　　　　　　　　　　　　　（木内雅也）

II…申立て前に調査すべきこと

Case

　長年にわたり地元密着で、賃貸物件の媒介、管理等の不動産業を営んできたX株式会社は、新規業者の参入等により、この数年間で収入が激減し、借入金に対する毎月の返済や、回収した賃料等の賃貸物件のオーナーへの支払が遅れる等の状態が続いていた。X社の代表者Yは、自身が高齢にもなり、これ以上の営業継続は難しいと考えていたところ、今般、長期入院をすることとなり、これを機に廃業することを決めた。X社は、Y以外の役員はおらず、従業員はパートの事務員1人のみ、負債総額は約1500万円で、債権者には、事業資金の借入れの関係で、地元の信用金庫のほか親族が複数名、また、賃貸物件（アパート、駐車場等）の管理、賃料回収等の受託業務の関係で、賃貸物件のオーナーが十数名いる模様である。Yは個人として、X社の債務の一部につき連帯保証しているほか、消費者金融、カード会社等に約400万円の借入れがある。

●●●

ノボル：X社や代表者Yの破産申立事件を受任し、これから、申立てに向けて、財産状況の調査を行うのですが、コツや注意すべき点はありますか？

兄　弁：申立て予定の裁判所が所定の財産目録を用意しているだろうから、まずはそれを入手して、その項目に従って確認していくといいだろうね。依頼者には、その財産目録に記入してもらうか、財産目録を参考にして財産リストを作成してもらって、その裏付け資料を持参してもらうことになるけど、依頼者が意図的に財産を隠す場合だけでなく、その存在を忘れてしまっているような場合もあるから、依頼者が持参した財産目録等

や資料を鵜呑みにしないで、その内容を慎重にチェックし、丁寧に聴き取りをすることが大事だよ。

姉　弁：特に依頼者が日頃から使用している預金口座の取引明細は、細かくチェックしておく必要があるわ。保険料の引落しから保険に加入していることがわかったり、数年前の取引明細から消費者金融等への完済がみつかり、ひょっとしたら過払金があるかもしれないわよ。

ノボル：お宝が埋まっているかもしれないということですね！　法人や個人事業者の場合に、特に注意すべき点はありますか？

兄　弁：できるだけ早く事務所等に出向いて、その状況を直接確認すべきだよ。複数年の税申告書類等を比較して、各項目の数字の変動などを確認しておくことも必要だね。

ノボル：それが、Ｘ社は直近の税申告をしておらず、最近は帳簿とかもきちんとつけていないようでして……。

姉　弁：小規模の会社などでは、ありがちね。できたら顧問税理士に協力してもらい、できるだけ正確な直近の収支表等を作成してもらえたらいいけど、費用もかかるし、これまでの分を未払いとかしていると難しいかも。そうした場合は、申告していた時までの決算書類等をベースに、請求書、預金通帳等から、その後の状況を把握していくほかないわね。

ノボル：債権者や債権額の確認調査は、どのように行うのでしょうか？

兄　弁：まずは依頼者に、裁判所所定の債権者一覧表を利用する等して、債権者リストを作成してもらうことになるだろうね。個人破産の場合は、せっかく免責を受けても、債権者一覧表への記載が漏れた債権については免責の効果が及ばないおそれがあるから、依頼者に記載漏れがないようよく注意しておく必要がある。

姉　弁：債権者リストの元になる資料も持参してもらうことになるけど、私は、個人の場合や小規模の会社などの場合には、手許にある契約書や請求書、ATM の利用明細票を、依頼者本人にはその要否を選別させないで、とにかくその一切合切をデパートの大きな袋などに入れて事務所に持って来られるだけ持って来てほしいと伝えているわ。その方が記載漏れなど

を防ぐことができるし。財産調査と同じように、預金口座の取引明細でのチェックも必須ね。

兄　弁：連帯保証人や連帯債務者になっていて、依頼者本人が支払っていない場合は、そのことを忘れてしまっていることもあるから、それらの有無を必ず聴き取り、契約書等を確認しておくべきだね。

ノボル：依頼者が、身内や友人、親しい取引先等について、今後の関係を考えて、黙っているということはありませんか？

姉　弁：知れている債権者をあえて載せないことは免責不許可事由になりうることを説明して、すべて正直に話すように伝えておくべきよ。

ノボル：債権額については、債権者にも確認した方がよいでしょうか？

兄　弁：一般的には、依頼者が当初に作成した債権者リストを元に、弁護士が債権者宛てに受任通知とともに債権調査票を送付して確認する。ただ、法人や個人事業者の場合は、資産保全や混乱防止のために、受任通知等を送付しないで、秘密裏に準備を進めるケースも考えられる。いずれにしても破産手続開始後に債権届が提出されることになるし、あまり時間をかけて正確な債権額を確認するよりも、債権者名と住所漏れがないようにすることに重点をおいて、迅速な申立てを行うべき場合もあるだろうね。

姉　弁：資産目録や債権者一覧表を作成するにあたり、調査・確認すべき事項については、東京地裁破産再生部が詳しい資料を配布しているわ。在京の三弁護士会の会員用ウェブサイトからも入手できるみたい。こうした資料は随時アップデートされているし、定期的にチェックしておいた方がいいわね。

Check List

□申立て予定の裁判所所定の財産目録、債権者一覧表、作成要領等を入手したか［→ 1(1)、2(1)、3］

□所定の財産目録の項目などに従って調査したか［→ 1(1)

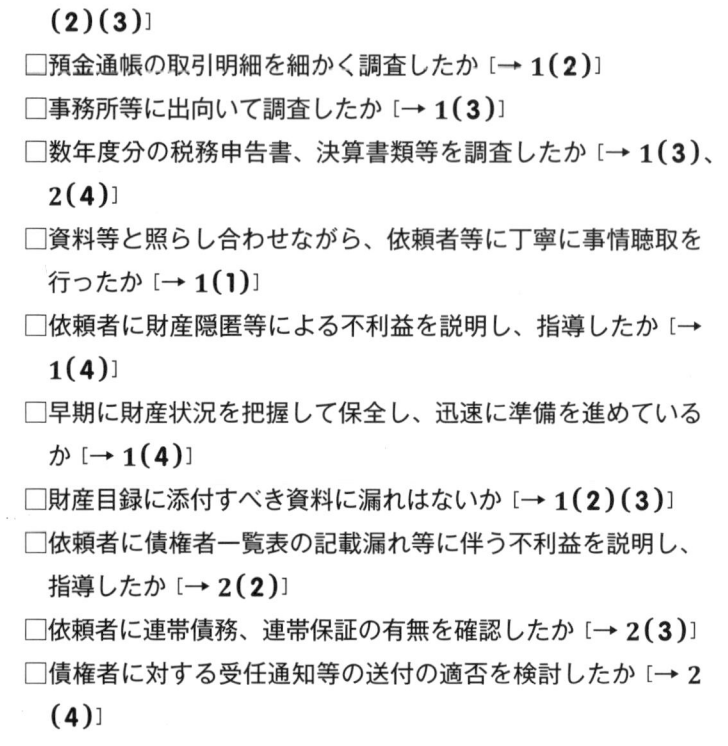

（2）（3）]
□預金通帳の取引明細を細かく調査したか〔→ 1（2）]
□事務所等に出向いて調査したか〔→ 1（3）]
□数年度分の税務申告書、決算書類等を調査したか〔→ 1（3）、
　2（4）]
□資料等と照らし合わせながら、依頼者等に丁寧に事情聴取を
　行ったか〔→ 1（1）]
□依頼者に財産隠匿等による不利益を説明し、指導したか〔→
　1（4）]
□早期に財産状況を把握して保全し、迅速に準備を進めている
　か〔→ 1（4）]
□財産目録に添付すべき資料に漏れはないか〔→ 1（2）（3）]
□依頼者に債権者一覧表の記載漏れ等に伴う不利益を説明し、
　指導したか〔→ 2（2）]
□依頼者に連帯債務、連帯保証の有無を確認したか〔→ 2（3）]
□債権者に対する受任通知等の送付の適否を検討したか〔→ 2
　（4）]

〔 解 説 〕

1　財産目録の作成

（1）財産目録の提出義務　　破産手続開始の申立書には、債務者の財
産目録を添付することが求められている（破20条1項、破規14条3項
6号）。

　速やかに申立てをするためには、効率よく債務者の財産状況を把握
する必要があるが、まずは申立て予定の裁判所所定の資産目録を入手
し、その項目等に従って調査することとなる。具体的には、事前また
は初回相談時に、財産目録を依頼者に渡し、後日、依頼者が作成した

財産目録や財産リスト、その裏付け資料を持参してもらい、それらを元に依頼者から聴き取りを行って、財産状況を精査する。依頼者が財産状況を正確に把握していなかったり、把握していても隠匿することも想定されるため、申立代理人としては、後述する調査すべき資産の項目等を念頭に、雑談も含めた会話等から、依頼者の生活状況、業務内容等から想定される財産に想像をめぐらせ、持参資料と照らし合わせる等しながら、丁寧に聴き取りを行うことを心がけるべきである。また、依頼者（代表者）だけでなく、配偶者等の親族、経理担当者らに対する聴き取りの要否も検討すべきである。

（2）個人破産の場合の財産調査　　個人破産の場合に調査すべき財産について、例えば東京地裁破産再生部所定の資産目録では、①現金、②預金・貯金、③公的扶助（生活保護、各種扶助、年金等）の受給、④報酬・賃金（給与・賞与等）、⑤退職金請求権・退職慰労金、⑥貸付金・売掛金等、⑦積立金等（社内積立、財形貯蓄、事業保証金等）、⑧保険（生命保険、傷害保険、火災保険、自動車保険等）⑨有価証券（手形・小切手、株式、社債）、ゴルフ会員権等、⑩自動車、バイク等、⑪過去5年間において、購入価格が20万円以上の財産、⑫過去2年間に換価した評価額または換価額が20万円以上の財産、⑬不動産（土地・建物・マンション等）、⑭相続財産（遺産分割未了の場合も含む）、⑮事業設備、在庫品、什器備品等、⑯その他、破産管財人の調査によっては回収が可能となる財産（過払いによる不当利得返還請求権、否認権行使等）といった項目が挙げられている。財産目録（資産目録）の作成にあたり、これらの項目の財産の有無や明細を依頼者に確認し、添付資料を揃えることになる。

　預金通帳を通じた調査は、特に重要である。取引明細を確認することで、保険料や固定資産税の引落とし等があり、保険契約（解約返戻金）の存在や不動産の所有が判明することがある。逆に給料の振込、家賃や公共料金の支払など、依頼者の生活状況から一般的に想定される入出金が取引明細にない場合は、他の預金口座の存在も疑われるの

で、依頼者に確認する必要がある。また、数年前の消費者金融等への完済が判明し、過払金の存在が明らかになることもあるかもしれない。いわゆる「おまとめ記帳」がある場合は、その期間の取引明細を取り寄せて確認し、申立ての際に提出する必要がある。通帳が発行されないインターネットバンキングの有無も確認し、ある場合は取引明細を取り寄せるか、プリントアウトして提出する必要がある。その他、給与明細書や源泉徴収票における控除金の有無を確認することで、保険や社内積立金等の存在が判明することもある。これらの確認を怠り、後日、破産管財人から指摘を受けるようなことはあってはならない。

(3)法人（個人事業者を含む）破産の場合の財産調査　法人破産の場合に調査すべき財産の項目としては、①現金、②預貯金、③売掛金、④貸付金、⑤在庫商品、⑥機械装置、⑦車両運搬具、⑧受取手形・小切手、⑨有価証券等、⑩前払費用、⑪保証金・敷金、⑫保険解約返戻金、⑬土地、⑭建物・付属設備、⑮過払金返還請求権などが例として挙げられるところ、その有無や明細を確認し、これらに関する添付資料を揃えることになる。預金通帳を通じた調査が重要であることは、個人破産の場合と同様である。

　法人の場合、受任後できる限り早い時期に、事務所等に出向いて、その状況を直接確認しておくことは必須である。事務所内に換価価値のある什器・備品、高価な絵画・骨董品等が置かれていたり、埃をかぶって長年使用していない金庫の中から、現金や有価証券等の権利関係の書類が発見されることもあるかもしれない。また、税務申告書に添付された決算書類等の確認により、代表者も失念していた保証金、出資金、会員権、小規模企業共済金等の存在が明らかとなったり、数年度分の決算書類を比較し、大きく数字が変動しているような場合は、代表者や経理担当者にその経緯等を確認する等して、資産の把握漏れや隠匿を防ぐ必要がある。

(4)申立代理人による債務者の財産保全　依頼者である債務者は、法律の素人であるから、破産制度の趣旨を理解して適切な財産管理を

行うことは困難であるし、経済的に破綻した状況下において、身内や弁済を強いる一部の債権者等に対して偏頗弁済をしたり、財産隠匿に走ることも想像に難くない。申立代理人としては、依頼者が不当な財産処分等を行わないよう、依頼者に対し、債務者としての財産保全（破160条以下の否認、破252条の免責不許可事由、破265条以下の詐欺破産罪参照）に関する説明や指導を都度行うとともに、早期にその財産状況を把握して保全した上で、速やかに破産手続開始の申立てを遂行することが求められている。申立代理人が適切な財産保全を怠り、破産財団を構成すべき財産を減少・消失させたときは、その財産の相当額につき、破産管財人に対し、不法行為責任としての損害賠償義務を負うことにもなる（東京地判平成21・2・13判時2036号43頁等参照）。

2 債権者一覧表の作成

(1)債権者一覧表の提出義務　債権者以外の者が破産手続開始の申立てをするときは、最高裁判所規則（破規14条1項）で定める事項を記載した債権者一覧表を裁判所に提出しなければならない（破20条2項）。

　具体的には、申立て予定の裁判所所定の債権者一覧表を入手し、その作成手順をふまえて各項目に記入し、提出することとなる。

　債権者一覧表の提出を求められる趣旨は、裁判所において破産手続開始決定の可否、手続進行の見込みを判断するため、債務者の債務の状況を確認するとともに、破産手続開始決定等の通知を要する破産債権者（破32条3項1号）を把握する必要があるためとされる。

(2)個人破産における免責との関係　個人破産の場合、破産者が知りながら債権者名簿（債権者一覧表）に記載しなかった請求権（当該破産者について破産手続開始の決定があったことを知っていた者の有する請求権を除く）については、免責許可の決定の効力が及ばない（非免責債権。破253条1項6号）。また、虚偽の債権者名簿（債権者一覧表）を提出したことは、免責不許可事由とされており（破252条1項7号）、当

該債権者を知りながらあえて債権者一覧表に記載しなかったときは、免責が不許可となる可能性がある。

　申立代理人としては、依頼者に対して、こうした免責との関係を説明し、債権者の漏れ等がないように注意を促し、資料のチェックと聴き取りを迅速かつ丁寧に行った上で、正確な債権者一覧表を作成し、破産手続開始の申立て時に、裁判所に提出することとなる。

(3)個人破産の場合の債権調査　　依頼者には、事情聴取するとともに、契約書、請求書、ATMの利用明細票、預金通帳を持参してもらい、それらの書類や預金通帳の取引明細を確認して調査する。連帯保証人や連帯債務者で、依頼者本人が支払っていない場合は、依頼者が失念していることもよくあるので、連帯保証等の有無については必ず聴き取りを行う。公租公課(国民健康保険、国民年金等)、公共料金(光熱費等)、携帯電話・インターネットの利用料金、家賃等については未払いが生じているケースが多く、また、相続債務や保証人からの求償債務等は依頼者が失念していることも多いので、これらについても必ず聴き取りを行い、確認しておく必要がある。

　個人破産の場合は、申立代理人が債権者に対し、受任通知とともに債権調査票を送付し、債権額を調査することとなる。消費者金融等の債権者については、取引履歴の開示を求め、利息制限法所定の利率で引き直し計算をし、正確な債権額や過払いの有無を確認する。これらの調査により、破産手続開始の申立ての際に提出する債権者一覧表には、正確な債権額等を記載することとなる。

(4)法人(個人事業者を含む)破産の場合の債権調査　　法人の代表者や個人事業者、経理担当者らから事情聴取するとともに、税務申告書類、各種帳簿類、契約書、請求書、預金通帳の取引明細等を確認して調査する。法人等の場合は、①公租公課、②労働債権、③金融機関の債権、④一般債権、⑤リース債権などの債権の種別に分けて、債権者一覧表を作成するのが一般的であり、これらの種別を意識して調査を行う。

ただし、法人や個人事業者の場合は、破産開始決定前の混乱防止や依頼者である債務者の資産保全のため、受任通知を発送することなく、秘密裏に申立ての準備を進めた方が適当な場合もある。破産手続開始後に債権者から債権届が提出されることからすれば、正確な債権額を把握しようと徒に時間をかけるよりも、迅速な申立てを行うべきであろう。法人の場合は、個人の場合と比べて、債権者数が多数となることも想定されるが、債権者に破産手続参加の機会を確保させるため、債権者名と住所について漏れや間違いがないように注意しなくてはならない。

3　裁判所所定の作成要領等の入手

　財産目録や債権者一覧表は、破産手続開始の申立てをスムーズに行うためにも、申立て先の裁判所所定のものを使用すべきであるが、それらの入手と併せて、裁判所所定の作成要領等の資料の有無も確認する。

　例えば東京地裁民事再生部は、債権者一覧表や資産目録を作成する際の調査・確認すべき事項等につき詳細に記載した「申立てに当たり調査・確認すべき事項」といった資料や、破産事件に関するトピックを取り上げた「即日面接通信」を配布している。これらの資料は、東京地裁破産再生部前の陳列棚で入手できるほか、在京の三弁護士会の会員用ウェブサイトからも入手できる。東京地裁に申し立てる場合は当然のこと、他の裁判所に申し立てる場合も参考になる。これらの資料は随時改訂されているので、定期的なチェックも必要であろう。

【 *Answer* 】

　Case では、まずは X 社と Y の申立てを行う予定の裁判所所定の財産目録や債権者一覧表、それらの作成要領等を入手し、X 社と Y の財産調査や債権者・債権額の調査を進めていくことになる。

　これらの調査にあたっては、Y に対し、財産や債権者の漏れがないよう、

また、Yが今後の生活や親族との関係を憂慮するなどして財産隠しや偏頗弁済等を図ることがないよう、それらに伴う法的な不利益を具体的に説明し、指導しておく必要がある。

　そして、速やかな申立てに向けて、調査漏れがないよう、迅速かつ丁寧な聴き取りや資料の細かな確認を行い、X社とYの財産状況を把握して保全しつつ、申立書に添付するための正確な財産目録（添付資料を含む）および債権者一覧表を作成する。受任時点でX社は事業継続中であるが、X社やY個人の債務内容からすれば、X社の事業停止時期を検討しつつ、各債権者に対して受任通知・債権調査票を送付しての債権調査を経た上で、申立てをすることが相当な事案と思われる。

III…申立て前の財産換価

Case

　健康食品の卸業を個人経営していた X は、近年売上げが下がり続け、運転資金が底を尽き、営業を停止した。X の負債は、約 2000 万円である。X の資産としては、売れ残りの健康食品、納入先への若干の売掛金、配送用の自動車があり、また、貸金業者に対する過払金が発生している可能性が高い。その他、10 年前に他界した X の父の遺産分割協議において、実家の土地建物について、X の母が単独で建物を、X と弟の兄弟が土地を 2 分の 1 ずつの共有で取得し、X は、現在、その共有持分を有している。

・・・

ノボル：X から破産申立ての依頼を受けたのですが、手持ち現金がほとんどありません。弁護士報酬や申立費用を捻出するためにも、手っ取り早くお金になりそうな資産を処分しようと思っているのですが、何かお薦めってありますか？

姉 弁：ちょっと待って、ノボル君！　破産申立て前の資産の処分について、随分安易に考えていない？

ノボル：でもただで依頼を受けるわけにはいかないですし、破産の申立てにあたり先立つものも必要かと……。

兄 弁：それはそうかもしれないけど、債務者の資産の処分は、本来的には破産管財人が行うべきであって、申立代理人は、まずは債務者の財産を保全し、適切かつ迅速に申立てをして、破産管財人に引き継ぐことが原則であることを強く意識しておくべきだよ。

姉 弁：やむを得ない事情があって申立代理人が財産の換価を行う場合でも、換

価に必要以上に時間をかけて申立てが遅れるようなことは許されないし、破産手続で廉価売却を理由に否認の対象とされないように、価格の相当性については慎重に検討しておく必要があるわ。

ノボル：適正価格で処分すれば問題ないでしょうか？

兄　弁：廉価売却の場合に比べて限定的ではあるけども、適正価格の売却の場合であっても、破産法所定の要件を満たすときは、否認の対象になるよ。

ノボル：適正価格で処分しても問題になる場合があるんですね。
　　　　Ｘの土地の共有持分について、Ｘの母や弟から買い取りたいという希望もあるようなのですが。

姉　弁：不動産を売却して金銭に変えることは否認の対象になりやすいし、ましてや親族等の関係者に売却する場合は、否認されるリスクが高いから注意が必要よ。

ノボル：過払金の回収はどうですか？

兄　弁：少なくとも迅速に回収できる場合に限られるべきだし、満額で和解できるようなときでなければやめておいた方が無難だろうね。もし回収したとしても、回収金は、申立代理人が適切に管理した上で破産管財人に引き継ぐことが原則と考えておくべきだよ。

姉　弁：換価回収した資産を破産申立ての弁護士報酬等に充てる場合、その報酬額の相当性については厳しく考えておくべきだし、破産申立ての分以外に過払金回収の分の報酬をとるときは、特に注意が必要よ。

Check List

□申立て前の財産換価は例外的に許容されることを意識しているか［→ **1**］

□資産の処分にあたり、価格の相当性について十分に検討し、相当性の根拠となる客観的資料等が揃っているか［→ **2(1)**］

□適正な価格での処分であっても、その対価の使途について問題がないといえるだけの記録や裏付け資料を確保しているか

[→ 2(2)]

□親族等の関係者に対して資産を処分する場合、否認されるリスクが高いことを意識して対応ができているか [→ 2(3)]

□資産の類型ごとに、申立て前の処分が例外的に許容されるかを検討したか [→ 3]

□申立て前に換価した資産を破産申立てのための弁護士報酬に充てる場合に、報酬金額の相当性に問題はないか [→ 4]

□依頼者から換価した金銭の返還を求められた場合に、漫然と応じることなく、その返還の必要性について十分に検討したか [→ 5]

[解 説]

1 申立て前の財産換価

　債務者の資産換価回収行為については、申立代理人が申立て前に行わなければ資産価値が急速に劣化したり、債権回収が困難になるといった特段の事情がない限り、意味がないばかりか、かえって財産価値の減少や隠匿の危険ないし疑いを生じさせる可能性があることから、破産管財人が行うのが原則である（東京地判平成22・10・14判タ1340号83頁参照）。不必要な資産換価回収行為により、破産の申立てが不当に遅延するようなことはあってはならない。

　また、依頼者（債務者）が、破産申立てを行うための弁護士報酬や予納金を含む申立費用を確保できていないことは、よくあると思われるが、申立代理人が弁護士報酬等に充てるために換価回収行為を行うことは、破産制度の目的を実現するために有益である場合に限って例外的に許容される（東京地判平成21・2・13判時2036号43頁参照）ことを、申立代理人としては意識しておく必要がある。

2 否認の対象となること

(1)破産債権者を害する行為　申立て前の債務者の資産換価回収行為は、破産債権者を害する行為（詐害行為）として、否認の対象となり得る（破160条1項）。詐害行為とは、より具体的には、破産者の固定資産、流動資産、現金資産を絶対的に減少させる行為であり、その典型例としては、資産を市場価格（取引相場）よりも低い価格で売却すること（廉価売却）が挙げられる。

　申立て前に資産を売却する必要がある場合であっても、申立代理人としては、当該資産の簿価等を確認の上、複数の業者から見積りを取得するなどして市場価格を慎重に調査して、価格の妥当性について十分な検討を行い、後の破産手続において、当該売却が適正な価格で行われたものであり、廉価売却ではなかったことを、客観的な資料等で合理的に説明できるようにしておく必要がある。

(2)相当の対価を得てした財産の処分行為に関する特則　廉価売却の場合と比べて限定的ではあるが、適正価格での売却であっても否認の対象となる場合がある。相当の対価を得てした財産の処分行為については、①当該行為が、不動産の金銭への換価その他の当該処分による財産の種類の変更により、破産者において隠匿、無償の供与その他の破産債権者を害することとなる処分（隠匿等の処分）をするおそれを現に生じさせるものであること、②破産者が、当該行為の当時、対価として取得した金銭その他の財産について、隠匿等の処分をする意思を有していたこと、③相手方が、当該行為の当時、破産者が②の隠匿等の処分をする意思を有していたことを知っていたことの要件のいずれにも該当する場合に限り、否認することができるとされている（破161条1項）。

　ここで問題とされているのは、当該処分によって得た金銭等の使途についてである。申立代理人としては、申立て前に資産を売却する場合には、適正価格であったことだけでなく、取得した対価の使途についても、記録や裏付け資料を確保する等して、報告できるようにして

おく必要がある。

（3）処分行為の相手方が親族等の関係者である場合　財産の処分行為の相手方が親族等の関係者である場合は、破産者において隠匿等の処分である蓋然性が高く、かつ、相手方も破産者の隠匿等の処分をする意思を知りながら加担したという場合が少なくない。そこで、相当の対価を得てした財産の処分行為の相手方が、①破産者が法人である場合にはその取締役といった役員等、②破産者である株式会社の総株主の議決権の過半数を有する者等、③破産者の親族または同居者のいずれかであるときは、その相手方は、当該行為の当時、破産者が隠匿等の処分をする意思を有していたことを知っていたものと推定されるとし、相手方に対し立証責任が転換されている（破161条2項）。

　申立代理人としては、破産申立て前に資産を親族等の関係者に売却する場合には、他の第三者に売却する場合と比べて、否認されるリスクが高く、当該処分の必要性、対価が適正価格であることやその使途について、より高度な説明が求められる可能性があることを意識して対応しておく必要がある。

3　申立て前の財産換価が許される場合

　例外的に、申立代理人による申立て前の資産換価回収行為が許容される場合については、資産の類型ごとに、以下のようなケースが考えられる。

（1）預貯金　預貯金について、申立代理人は、金融機関からの相殺に注意しておく必要がある。金融機関が債権者である場合に、当該金融機関は受任通知到達後に入金された金員については相殺することができないが（破71条1項3号）、受任通知到達前の預金については相殺することができる。申立代理人としては、申立費用の確保、破産財団の減少を防止するため、受任通知発送前に、依頼者にできる限り預金を引き出しておくよう指示しておくことが考えられる。ただし、引き出した金員については、申立代理人の預り金口座で保管する等して、

散逸しないようにしておかなければならない。

(2)売掛金　売掛金などの金銭債権については、早期の回収が可能であって、額面どおりの満額回収をすることができ、価値の減少に疑義が生じるおそれがないような場合は、申立代理人がその全部または一部を回収することが相当な場合が考えられる。ただし、回収した場合には、債務者ごとに、回収日、回収金額、一部回収である場合は残金の支払予定等の各項目を記載した目録を作成するなどして、破産管財人に引き継ぐ必要がある。また、売掛金の支払先が債権者である金融機関の預金口座である場合は、**(1)**のとおり相殺に注意する必要があり、事前に、その支払先を申立代理人の預り金口座に変更する等の対応も検討すべきである。

(3)在庫商品　在庫商品については、できる限り詳細な目録等を作成した上、速やかに破産を申し立て、破産管財人に引き継ぐのが原則である。ただし、生鮮食品など時間の経過により腐敗して廃棄せざるを得なくなるもの、季節商品など商品価値が急速に劣化していくもの、保管に多大な費用を要するもの等については、迅速な処分によって商品価値を維持するため、また、廃棄費用や保管費用等の発生を抑えるため、申立て前の処分が許容される場合が考えられる。申立て前に処分する場合には、後日、売却の必要性や価格の相当性について疑義が生じないよう、写真等で当該商品の状態等を記録として残しておき、また、複数の業者から見積り等をとるなどして、できる限り高く売却することが必要である。

(4)不動産　申立て前に任意売却を行うべき特別な事情がない限りは、破産管財人に引き継ぐのが原則である。任意売却を行うことの合理性をよほど明確に説明できる場合を除き、否認の対象として検討されることは避けらない。弁護士報酬、予納金等の申立費用に充てることができる資産が不動産以外に一切見当たらず、任意売却がやむを得ないときであっても、売却価格の相当性を確保するため、複数の不動産業者からの買付証明書や査定結果等を入手したり、透明性のある売

却方法で行う必要があるし、売却代金の使途の相当性も含め、後日、当該売却に疑義をもたれることがないよう、合理的かつ客観的な資料を揃えておく必要がある。

（5）自動車　　自動車については、特別な事情がない限り、破産管財人に引き継ぐべきである。ただし、駐車場使用契約が解除された場合など、保管が難しい場合には、申立て前の売却も検討せざるを得ない。その際は、自動車査定協会等の査定を受けたり、複数の買取業者から見積りを取得するなど、後日、売却価格に疑義が生じないよう対処しておく必要がある。

（6）過払金　　過払金については、迅速に回収できるケースであれば格別、近年は貸金業者の廃業や経営不振が相次ぎ、貸金業者の抵抗等により早期の回収は難しいことが予想される。こうした今日の状況からすれば、申立代理人としては、申立て前に熱心に回収するよりも、速やかに破産を申し立て、破産管財人に引き継ぐべき場合が多いように思われる。

　また、過払金の回収については、合理的な理由がないにもかかわらず、低廉な和解をし、一部のみを回収したような場合には、否認の対象になるだけでなく（破160条1項2号）、不当に破産者の財産を減少させたものとして、申立代理人が損害賠償責任を問われる可能性もある。一定の減額をしてでも早期に回収をする必要があった理由等、減額和解の合理性等を説明できないのであれば、避けるべきである。

4　換価した金銭を弁護士費用に充てる場合の注意

　弁護士に対する破産申立てに関する着手金や報酬金の支払金額がその対価である役務の提供との合理的均衡を失する場合、報酬としての相当額を超過する金額の支払行為は、破産債権者を害する行為として否認の対象となり得る（破160条1項1号）とし、また、資産換価回収行為は、原則として破産管財人が行うべきであり、ましてや申立代理人が、相当高額な弁護士報酬を得る目的で、安易な換価回収行為を

優先して行い、資産、負債等に関する十分な調査をせずに迅速な破産申立てを怠るようなことは、破産制度の意義を損なわせるものというべきであるとして、弁護士報酬の一部を不当利得として返還を命じた裁判例がある（前掲東京地判平成22・10・14）。

　特に申立て前に過払金を回収した場合について、申立ての報酬とは別に弁護士報酬を受領できることは一般的に認められてはいるが、当然一定の制限があり、客観的な弁護士報酬の相当額を超える支払行為が無償行為にあたり否認の対象となり得るとした裁判例がある（神戸地裁伊丹支決平成19・11・28判タ1284号328頁、東京地判平成23・10・24判時2140号23頁）。なお、過払金の報酬金については、（日本弁護士連合会の）債務整理事件処理の規律を定める規程15条および同施行規則4条において、訴訟によらずに過払金を回収したときは20％、訴訟により回収したときは25％を超える金額としてはならない旨が規定されている。

5　換価した金銭につき依頼者から返還を求められた場合の注意

　弁護士報酬や予納金を含む申立費用を超える金額につき換価回収ができた場合、申立代理人は、依頼者に対して返還義務を負うが（民646条1項）、その一方で、破産制度の趣旨から、債務者（依頼者）の資産の散逸を防止し破産管財人に引き継ぐ義務を負っている（前掲東京地判平成21・2・13参照）。したがって、依頼者から換価した金銭の返還を求められたとしても、その使途（生活費、医療費等）の有用性が明確に確認できない限り応じるべきではないし、応じるとしても必要最小限度の範囲に留めるべきである。また、破産者の自由財産の範囲を超える金額の返還請求については、よほどの事情がない限り応じるべきではない。返還した場合には、依頼者においてその使途の裏付け資料等を確保させておくことが必要であろう。

〖 *A n s w e r* 〗

　　Case では、まずは申立て前の資産の換価回収が必要であるかを慎重に判断すべきである。手持ち現金がないなど、弁護士報酬や申立費用の確保等のために必要である場合、早期回収が可能であれば、納入先への売掛金の回収から検討すべきと思われる。売掛金の回収による申立費用の確保等が困難である場合は、その他の資産の処分を検討することになるが、土地の共有持分のＸの母や弟への売却については否認されるリスクが高く、よほどのことがない限りは避けるべきである。弁護士報酬については、不相当に高額なものにならないよう留意する。回収金から申立費用等を除いて残金があったとしても、依頼者の求めに応じて漫然と返還することがないように注意が必要である。

IV…申立てに際しての契約関係の処理

Case

建設業者のX株式会社は、全国展開するハウスメーカーで
あるA株式会社の下請工事の受注金がその売上のほとんどを
占めていたが、A社の経営方針の転換により、A社からの受
注が激減して売上が落ち込み、社会保険料等の滞納額が増大す
るとともに、月末の従業員に対する給与支払等に充てるための
運転資金も不足するおそれが生じた。X社の本社事務所は賃
借物件であるが、数日前に、賃貸人から賃料未払を理由に解除
する旨の通知書が届いた。こうした状況等を受け、X社は、
近日中に事業を停止し、破産を申し立てることを決めた。X
社の負債は約1億円、また、従業員数は15名で、現在、A社
から受注し、仕掛中の建築工事が2件ある。

• • •

ノボル：はあ……。

姉　弁：ノボル君、浮かない顔して、どうしたの？

ノボル：X社から破産申立てを受任したのですが、共同受任した所長から、社長
　　　　が従業員に解雇を通知する際、ひとりで同行するよう指示されまして。
　　　　従業員の人達も最悪の事態が近いことを薄々気付いているんでしょうけ
　　　　ど、社長と一緒に責め立てられたりするんじゃないかと思うと気が重く
　　　　て……。

兄　弁：それは辛い作業になるかもしれないけど、社長をしっかりサポートして、
　　　　従業員の混乱や動揺をできるだけ抑えるように対応しなくちゃいけない
　　　　ね。

ノボル：はい……。破産申立てにあたり、従業員の解雇については、どのような

ことを検討しておくべきでしょうか？

姉　弁：まず、破産を申し立てる以上、余計な人件費を生じさせるわけにはいかないから、事業の停止時に全従業員を解雇することが原則でしょうね。ただ、残務整理が多かったり、完成間近の仕掛りの工事があったりして、破産管財人が事業継続の許可を受けることが予想されるような場合は、全従業員を申立て前に解雇することで、かえって管財業務に支障が出てしまうケースもあることを意識しておくべきよ。

兄　弁：従業員の解雇の時期については、申立代理人が独自に判断するのではなく、破産申立てに際して裁判所や破産管財人候補者との間で、雇用継続の要否やその方法等について協議しておくべきケースもあるということだよ。

ノボル：従業員に対しては、どのような説明をしておくべきでしょうか？

姉　弁：今後の破産手続の流れ、特に未払の給料や退職金がある場合に、従業員の人達はそれらがどのように扱われるかについて一番不安に思っているだろうから、きちんと説明できるように準備しておく必要があるわ。未払賃金立替払制度を利用するための資料等を用意して配ることも考えられるわね。

兄　弁：従業員の離職手続などをスムーズに進めるため、総務や人事・経理の担当者には、事前に個別に説明して、必要書類の作成等につき協力を依頼しておいた方がよい場合もある。その場合には、解雇される日が近いといった情報が漏れないよう、十分に注意しておくことが必要だね。

ノボル：X 社には仕掛中の工事があるようなのですが、どのように対応したらよいでしょうか？

姉　弁：さっきも言ったように、破産管財人が事業継続させて工事を続行する可能性もあるから、そのような場合には、工事続行に要する人員確保のために、一部の従業員に個別に協力を求めておくことが必要でしょうね。

兄　弁：破産管財人が請負契約を解除することが確実な場合は、申立ての準備を秘密裏に行うことも大事だけど、下請業者や資材業者等に余計な破産債権を生じさせないよう、できるだけ早期に工事を中止すべきだろうね。

　　　　工事を中止した場合は、出来高と前受金との清算を行うことになるから、できる限り工事の出来高を算定して、破産管財人に引き継ぐとよいだろうね。

姉　弁：それと、債権者が工事現場におしかけてトラブルになる可能性がある場合は、工事現場を保全するための対策も検討しておくことが必要よ。場合によっては、裁判所に破産申立て時に相談して、破産手続開始の決定を早めてもらって、破産管財人の管理下におくことも検討できるわ。

ノボル：X社の本社事務所については、既に賃貸借契約が解除されてしまっているのですが、どのように対応したらよいでしょうか？

兄　弁：できる限り早期に明け渡すことができるように準備を進めるほかない。原状回復費用については、その内容をよく精査する必要があるけど、原状回復は賃貸人に委ねて、明渡し完了を認めてもらい、明渡完了書の交付を受けておくことなども検討すべきだろうね。

Check List

□ 従業員の解雇の時期について、破産手続開始決定前後における雇用継続の要否等もふまえて検討したか［→ 1(1)］

□ 従業員の解雇の時期について、事前に、裁判所や破産管財人候補者との間で協議しておくべきかを検討したか［→ 1(1)］

□ 従業員から破産手続における労働債権の扱いや未払賃金立替払制度の利用等について説明を求められた場合に、きちんと説明することができるか［→ 1(2)(3)］

□ 特定の従業員に対し、事前に個別の説明をしたり、個別の依頼しておくべきことがないかを検討したか［→ 1(2)］

□ 労働債権に関する資料を整理し、揃えたか［→ 1(3)］

□ 仕掛中の工事について、工事続行の是非、工事の中止時期等を検討したか［→ 2(1)(2)］

□ 工事を中止した場合、出来高や前受金を確認するための資料

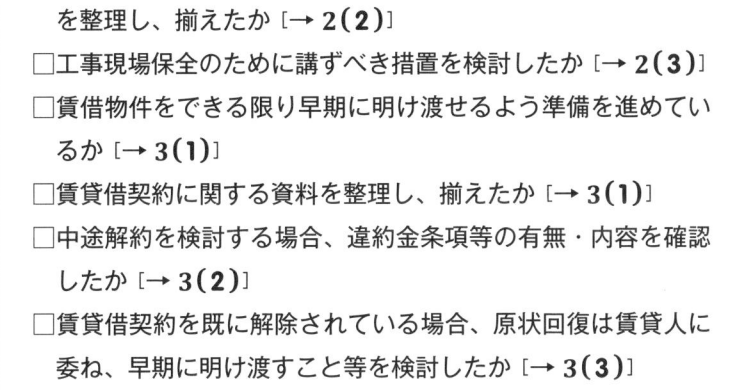

を整理し、揃えたか [→ 2(2)]

□工事現場保全のために講ずべき措置を検討したか [→ 2(3)]

□賃借物件をできる限り早期に明け渡せるよう準備を進めているか [→ 3(1)]

□賃貸借契約に関する資料を整理し、揃えたか [→ 3(1)]

□中途解約を検討する場合、違約金条項等の有無・内容を確認したか [→ 3(2)]

□賃貸借契約を既に解除されている場合、原状回復は賃貸人に委ね、早期に明け渡すこと等を検討したか [→ 3(3)]

［ 解 説 ］

1 申立てに際しての従業員の雇用契約の処理

(1)従業員の解雇　破産申立てに際しては、申立て前の事業停止時に全従業員を解雇し、従業員との雇用関係を終了させておくことが原則である。破産申立てを決断し、事業を停止したにもかかわらず、不要な労働債権を発生させることは、破産財団の損失をもたらし、他の債権者の利益を害することとなるからである。

　その一方で、例えば①完成間近の仕掛り工事等があり、工事を続行するため、破産管財人が事業を継続する（破36条）可能性がある場合、②残務処理や資料収集等のため、また、在庫商品の倒産セールの実施等が見込まれ、破産手続開始決定の前後に、従業員の協力が必要となる場合、③施設の維持管理の関係等で従業員を解雇すると資産消失のおそれがあるような場合などは、全従業員を即時解雇することで、かえって、管財業務に支障が生じることにもなりかねない。このような場合、申立代理人は、全部または一部の従業員の雇用を継続することを検討すべきであり、①雇用したまま破産管財人に引き継ぐか、②破産管財人の補助者としての再雇用を前提に申立て前に一旦解雇するか、

③必要な雇用継続が短期間（1か月未満）であれば解雇予告で対応するか等を判断することになる。これらについては、申立代理人は、独自に判断するのではなく、破産申立てに際して、裁判所および破産管財人候補者との間で十分な協議をしておくことが必要であろう。

(2) 従業員への説明と協力の要請　従業員らは、勤め先の会社の業績悪化等につき認識があったとしても、いざ会社が破産し、自分達が解雇されるとなれば混乱し動揺することは想像に難くない。それらをできる限り抑えるため、代表者が従業員らに解雇を通知する際は、申立代理人が立ち会い、従業員らに対し、破産手続における労働債権の扱いや（後記**(3)**）、今後の手続の進め方等について説明することを求められるケースが多いと思われる。その際、従業員らに対し、在庫商品等の資産・各種帳簿等の保全、破産管財人への協力（説明義務につき、破40条参照）等を要請し、混乱に伴う在庫商品等の流出、顧客情報等の個人情報漏洩等が万が一にも生じないよう注意を促し、さらには、事務所内の私物の引取りや貸与品（身分証明書、セキュリティカード、机やロッカーの鍵等）の回収も、速やかに進める必要がある。債権者らが押しかけてくることが予想されるようなケースでは、その対応・対策を従業員らに事前に示し、現場に混乱が生じたときは申立代理人に連絡するよう、緊急の連絡先を伝えておくことも検討すべきであろう。

　また、解雇に伴う離職手続（離職票・源泉徴収票等の作成、健康保険関係の処理等）をスムーズに進めるため、総務や人事・経理部門のうちの特定の担当者に、情報漏洩等に注意しつつ、事前に個別の説明をしておくことが考えられる。加えて、上記**(1)**のように、一部の従業員に対し、破産手続開始決定前後の雇用継続や破産管財人の補助業務を依頼する可能性があるような場合には、管財業務が円滑に進むよう、申立代理人からそれらの説明や協力依頼を当該従業員らに個別に行っておくことが必要である。

(3) 労働債権　　(a) 破産手続における労働債権の取扱い　　未払給

料は、破産手続開始前3か月間の給料（開始決定日の3か月前の応当日から開始決定日までの期間（開始決定日は含まない）における労働の対価に相当する部分）が財団債権とされており（破149条1項）、これ以外の部分は、優先的破産債権となる。

退職金は、退職前3か月間の給料の総額または破産手続前3か月間の給料の総額のいずれか多い方の金額までが財団債権とされており（破149条2項）、これ以外の部分は優先的破産債権となる。

破産申立てを理由に従業員を即時解雇した場合は、解雇予告手当（30日分以上の平均賃金）を支払う必要がある（労基20条1項。なお、解雇の効力発生時期につき、最判昭和35・3・11民集14巻3号403頁参照）。解雇予告手当が財団債権（破149条1項）に当たるかは争いがあり、優先的破産債権と解されるのが一般的であるが、東京地裁破産再生部では、破産管財人から、解雇予告手当も「給料」（同項）に当たるとして財団債権の承認の許可申立てがあれば、これを適法と認める運用がなされている。

(b) 未払賃金の立替払制度　労働者災害補償保険（労災保険）の適用事業で1年以上事業活動を行っていた事業主（法人、個人は問わない）の労働者であったこと、企業倒産に伴い、その破産手続開始の申立日の6か月前の日から2年の間に当該企業を退職したこと等の要件を満たす場合には、独立行政法人労働者健康安全機構から未払賃金のうちの一定額について立替払を受けることができる（賃金の支払の確保等に関する法律7条、同施行令3条）。立替払の請求ができるのは、破産手続開始決定後2年間である。

(c) 申立代理人としての対応　労働債権への支払や立替払制度の利用には、労働債権の正確な計算が必要である。申立代理人は、申立てにあたり、労働関係書類（従業員名簿、就業規則（賃金規程、退職金規程等を含む）、賃金台帳、タイムカード等）を揃え、労働債権の内容を計算書を作成すること等によって明らかにした上、速やかにこれらの書類を破産管財人に引き継ぐことが求められる。

また、労働債権については、破産手続において、期限までに債権届出書を提出することが必要となる。申立代理人としては、従業員らに対し、その旨を説明するとともに、従業員らは労働債権を正確に把握していない場合もあるから、計算書等を交付し、その内容を明らかにしておくべきである。

なお、立替払制度の対象となるのは、未払賃金および退職手当に限られ、解雇予告手当は含まれない。申立代理人としては、申立て前に労働債権の一部に限って支払が可能であるような場合、後日の立替払制度の利用もふまえ、解雇予告手当からまず支払うことを検討すべき場合もあろう。

前記（b）のとおり、立替払制度の利用は破産申立日の6か月前の日から2年の間に退職したことが要件とされている。他の問題がないにもかかわらず、申立代理人による破産申立てが遅れたことにより同制度を利用できなくなり、従業員らに不利益を及ぼすようなことは、あってはならない。

2　申立てに際しての仕掛中の建築工事の処理
(1)仕掛中の工事の出来高等の確認　　仕掛中の工事があるなどして、請負人（破産者）と注文者（相手方）が破産手続開始時において双方ともまだその履行を完了していないときは、請負人の破産管財人は、当該請負契約を解除するか、または請負人の債務を履行して注文者に請負代金を請求することができる（破53条1項）。

破産管財人が請負契約を解除した場合、実務的には、仕掛中の工事の出来高と請負代金の既払額（前受金）を清算するのが一般的であり、出来高を正確に算定することが重要となる。出来高を正確に算定することが難しいケースも想定されるが、請負契約の内容を、契約書、設計図等の書類、関係者からの聴き取り等により把握した上、工事日報や都度作成された出来高調書等の書類、下請業者・資材業者の請求書、資材の仕入れ・使用の状況、関係者からの聴き取り等により算定する

こととなる。出来高工事を中止した時点の状態を写真や動画で残しておくことも必須であろう。

　管財業務を円滑に進めるため、申立代理人には、申立てにあたり、出来高や当該工事に関するその他の問題の有無を確認し、その裏付け資料や工事担当者の連絡先とともに、破産管財人に引き継ぐことが求められる。

　他方、破産管財人が請負契約を解除した場合、前受金から出来高を控除した結果、残額があるときは、注文者は財団債権としてその残額の支払を求めることができる（破54条2項）。申立代理人としては、前受金を正確に把握しておくことにも留意すべきである。

(2)仕掛中の工事の続行　　仕掛中の工事が完成間近である場合、破産管財人が事業を継続し（破36条）、当該工事を完成させ、注文者に対し、請負代金の残金（最終金）を請求して回収することも予想される。このような場合、前記**1(1)**のとおり、申立代理人には、破産申立てに際し、裁判所や破産管財人候補者との間で、工事続行に伴う賃金・仕入代金等の資金繰り、従業員らの人員確保等をふまえ、工事続行の相当性につき協議しておくことが求められる。

　他方、破産管財人によって工事を続行することが予想される場合であれば格別、近日中に工事を中止するにもかかわらず、申立ての準備中に工事を続ければ、資材業者や下請業者に破産債権を発生させ、さらに損害を被らせることとなる。破産申立てを決めたときは、その準備の密行性も重要であるが、申立代理人としては、早期に工事を中止する等して新たな破産債権をできる限り発生させないようにすることも必要である。

　なお、注文者が破産した場合、破産管財人だけでなく請負人も請負契約を解除することができるが（民642条1項）、工事を完成させて処分することにより、請負代金等を支払っても残余があり破産財団にとって有益であることが確実であるときは、破産管財人も請負人も当該請負工事を解除しないことが予想されるから、工事を続行すべきとい

える。

（3）仕掛中の工事の保全　　破産申立てに際し、下請業者や資材業者が工事現場に押しかけてトラブルが発生する可能性がある場合、申立代理人としては、破産財団に損失が生じないよう、ガードマンを手配したり、資材、機械、工具等を安全な場所に移動させる等、工事現場を保全するための措置を講じておく必要がある。工事現場に不法侵入して占拠する者や、資材等を持ち去ろうとする者がいる場合は、警察に協力を求める等の対処も検討することになる。また、破産申立て時に、裁判所に事情を説明して、破産手続開始の決定を早めに出してもらい、早期に破産管財人の管理下に移行させることも検討すべきである。

3　申立てに際しての不動産の賃借関係の処置

（1）賃貸借契約の解除　　債務者（破産者）が事務所等の物件を賃借していて、申立て前に賃貸借契約が解除された場合や破産管財人が解除を選択した場合（破53条1項）、破産手続開始時までの賃料は破産債権（破2条5号）、開始後から契約終了までの賃料は財団債権（破148条1項8号）として取り扱われる。申立代理人としては、賃貸人から既に解除されている場合も含め、破産財団に組み入れられ得る敷金返還請求権や将来の破産財団の減少・損失をできる限り防ぐため、早期に賃借物件を明け渡すことができるよう準備を進める必要がある。

　他方、立地好条件の店舗の賃借権や債務者所有建物の敷地の借地権など、賃借権に財産的換価価値がある場合、破産財団の増殖のため、破産管財人が賃貸借契約の継続を選択（破53条1項）することも考えられる。申立代理人は、賃借権に財産的換価価値があるかを調査し、その存続を図るべき場合には、申立て後の賃借権の譲渡につき賃貸人と交渉し、その理解を事前に得る等して、賃貸人の賃料未払を理由とする解除を阻止すること等を検討すべきであろう。

　いずれにしても、申立代理人は、当該賃貸借契約に関する資料を早

急に揃え、破産管財人に引き継ぐこととなる。

(2)中途解約に伴う違約金条項　賃貸借契約では、中途解約について、①解約予告期間条項、②敷金等放棄条項、③違約金条項が定められている場合がある。破産管財人が解除を選択する場合も、これらの特約条項に拘束されるかは見解が分かれている。これらの特約条項の有効性については、破産管財人には適用されない、または適用範囲を限定的に解することも可能な事案があると思われるところ、申立代理人としては、賃借物件の早期明渡しのための準備を進めつつ、解除（中途解約）自体は、破産管財人の判断に委ねることを検討する必要がある。

(3)原状回復費用　破産手続開始前に賃貸借契約が終了した場合、既に発生している原状回復請求権は金銭化され破産債権となる（破103条2項1号イ）。他方、破産手続開始後に賃貸借契約が終了した場合、破産管財人が原状回復義務を負うことになるが、この場合の原状回復費用の取扱いについては見解が分かれている。

　賃貸人に解除される等して申立て前に原状回復義務が発生している場合、申立代理人としては、原状回復の内容やその費用について精査する必要はあるが、その費用を確保できないケースが多いであろうし、たとえ確保できるとしても、その履行が破産財団にとってメリットがない限り、賃貸人と交渉し、原状回復は賃貸人に委ねて、明渡しを完了させ、明渡完了書の交付を受ける等して、破産管財人に引き継ぐことも検討すべきであろう。

【 *Answer* 】
　Caseでは、仕掛中の工事が2件あるところ、まず両工事の進捗状況を確認する。完成間近の工事があれば、破産手続開始決定直後に完成させ、請負代金の残金（最終金）を回収することで、破産財団が増殖することも考えられる。したがって、申立代理人としては、破産申立て後・破産手続開始決定前に、裁判所や破産管財人候補者の間で、工事続行に伴う資金繰

りや従業員の雇用継続等をふまえて、工事続行の相当性について協議すべきである。

　破産管財人による工事続行の可能性がないのであれば、できるだけ早期に工事を中止し、工事現場を保全した上、出来高算定のための資料を整理し、関係者からの聴き取り結果等をまとめ、それらを管財人に引き継ぐ。

　申立代理人としては、Ｘ社が従業員らに解雇を通知する場に立ち会い、今後の手続の流れ、破産手続における労働債権の扱い、未払賃金立替払制度の利用等について、従業員らに説明することを検討すべきある。離職手続のための書類作成や工事続行に伴う人員確保等のため、特定の従業員に対し、事前に個別の説明や依頼をすることも検討しておく必要がある。労働債権の資料一式については、破産管財人に引き継ぐとともに、各従業員にも、解雇等に伴う手続における便宜のため、未払金計算書等を交付すべきである。

　Ｘ社の本社事務所については、賃貸借契約が既に解除されているところ、できる限り早期に明渡しができるように準備を進めるべきである。

Ⅴ…申立てにあたっての留意点

Ｃａｓｅ

　Ａ株式会社は、家具・インテリア用品の販売等について、都内で複数の店舗による営業を展開していたが、売上低迷により、順次店舗を閉店し、約２年前に最後の店舗を閉店して営業活動を停止し、事実上倒産した。Ａ社の負債総額は約3000万円で、代表取締役Ｘは、Ａ社の負債につき連帯保証債務を負っているほか、複数の金融業者からの借入れがある。倒産後、Ａ社やＸは特に債務処理のための法的手続をとらないでいたが、今般、Ｘの連帯保証債務について提訴されたことから、Ｘは破産申立てを決意するに至った。Ａ社の本店所在地は東京都であるが、現在、ＸはＳ県在住である。また、Ａ社は取締役会設置会社であるところ、取締役の一人であるＢは外国人で、Ａ社の倒産後は自国に帰国して音信不通となり、連絡先等は不明である。

• • •

ノボル：Ｘから破産申立事件を受任しました。Ｘは、かつて、Ａ社の代表取締役をしていたとのことですが、Ａ社自体は倒産してから結構時間が経っていますし、当時閉店した店舗は既に明渡し済みで、特に資産も残っていません。また、Ｘは、現在も収入が乏しく、資産は何もないということなので、Ｘだけで、同時廃止の申立てをしようと考えているのですが、問題ないでしょうか？

姉　弁：Ｘの債務額は相当に高額だし、約２年前までＡ社の代表取締役として活動していたという事情からすると、東京地裁破産再生部の基準を参考にしても、同時廃止で進めるのは難しいでしょうね。

兄　弁：A社の債務に関しても、このまま何も手続をとらないというわけにはい
　　　　かないし、やはりXだけでなく、A社の破産申立ても行うべきだよ。

ノボル：Xは現在も家族も抱えて生活がかなり苦しいようでして、貯金とかも全
　　　　然なさそうなんです。管財事件で、さらに法人についても申し立てると
　　　　なると、費用がかなりかかることになりませんか？

姉　弁：破産事件は、あくまでも管財事件が原則よ。A社が営業活動を行ってい
　　　　た時の債権者といった利害関係人もいる。A社やXに資産が何もないと
　　　　いうなら、まずは申立代理人としてしっかり調査し、さらに破産管財人
　　　　の調査も経て、そのことをはっきりさせるべきよ。

兄　弁：申立代理人としては、安易に同時廃止を選択するのは控えるべきだよ。
　　　　同時廃止で申立てをしても、申立代理人の調査不足等の理由で管財事件
　　　　に移行する例も多いと聞くよ。

姉　弁：費用については、例えば東京地裁破産再生部では、法人と関連個人が同
　　　　時に申し立てるときは、管財人への引継予納金は合わせて最低20万円
　　　　とされているし、裁判所に相談して分割予納も可能よ。

ノボル：A社の本店所在地は東京都、XはS県在住なのですが、A社とXを同
　　　　じ裁判所に同時に申し立てることはできますか？

兄　弁：法人と法人代表者の特例として、どちらかの管轄裁判所に申し立てるこ
　　　　とが認められているよ。Xの債務はA社の営業活動に伴う連帯保証債務
　　　　が大半のようだし、本件については、東京地裁に申し立てるべきだろう
　　　　ね。

ノボル：A社の取締役の一人が外国人で、現在、連絡がとれないとのことですが、
　　　　A社の意思決定について、何か問題にはならないでしょうか？

姉　弁：いわゆる準自己破産の申立てを行うことが考えられるわ。準自己破産の
　　　　場合、申立人はX個人で、A社は被申立人になるから、申立書や委任状
　　　　の記載には注意が必要よ。

兄　弁：準自己破産を申し立てる場合も含め、東京地裁破産再生部では、破産申
　　　　立てについて、申立書等の記載内容に関する注意事項や申立ての際の進
　　　　行要領等について詳しい資料を配布しているから、まずはそれらを入手

してチェックしておかないとね。万一、裁判所や破産管財人から調査不足や書類等の不備なんて指摘されたら、ウチの事務所の恥になるのだから、しっかり頼むよ！

ノボル：ひええ、がんばります！

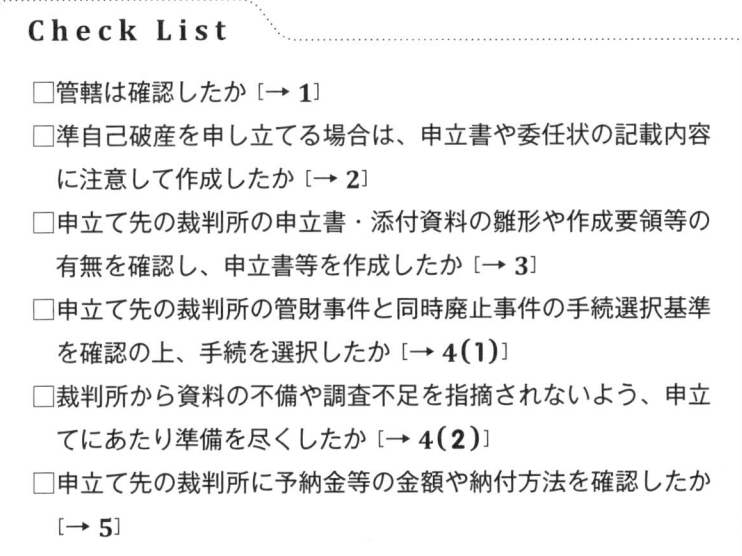

Check List

□管轄は確認したか〔→ **1**〕

□準自己破産を申し立てる場合は、申立書や委任状の記載内容に注意して作成したか〔→ **2**〕

□申立て先の裁判所の申立書・添付資料の雛形や作成要領等の有無を確認し、申立書等を作成したか〔→ **3**〕

□申立て先の裁判所の管財事件と同時廃止事件の手続選択基準を確認の上、手続を選択したか〔→ **4(1)**〕

□裁判所から資料の不備や調査不足を指摘されないよう、申立てにあたり準備を尽くしたか〔→ **4(2)**〕

□申立て先の裁判所に予納金等の金額や納付方法を確認したか〔→ **5**〕

〔 解 説 〕

1 管轄

　破産事件は、地方裁判所の管轄に属し（職分管轄）、土地管轄は原則的なもの（破5条1項）と補助的なもの（同条2項）が定められている（なお、相続財産に関する破産事件につき、破222条）。また、手続の適正化・迅速化の観点から、①親子会社等、②連結決算会社、③法人と法人代表者、④連帯債務者間、夫婦間、⑤大規模事件の各特例として、特則が設けられている（破5条3項～9項）。複数の裁判所が管轄

権を有するときは、先に破産手続開始の申立てがあった裁判所が管轄する（同条 10 項）。

破産事件の管轄は専属管轄であり（破 6 条）、合意管轄や応訴管轄は認められない。破産事件は多くの利害関係人がいる公益的事件であり、申立人らの一部の者の事情により管轄が左右されてはならないからである。管轄違いが認められるときは、管轄裁判所に移送される（破 13 条、民訴 16 条 1 項）。管轄原因の存在は、申立て時を標準時として判断される（破 13 条、民訴 15 条）。

裁判所は、著しい損害または遅滞を避けるため必要があると認めるときは、職権で破産事件（免責許可の申立てがある場合にあっては、当該免責許可の申立てに係る事件とともに）を他の裁判所に移送することができる（破 7 条）。

なお、債務者（破産者）の住民票上の住所と実際の居住地が異なる場合があるが、「住所」とは生活の本拠であり（民 22 条）、その判断は実質的に行われることから、実際の居住地を管轄する裁判所が管轄裁判所となる。このような場合、実務上の扱いとしては、申立書には実際の居住地と住民票（写しの添付書類としての提出義務につき、破規 14 条 3 項 1 号）上の住所を併記し、破産手続開始決定書にも同様に併記されると思われる。住民票上の住所とは異なる実際の居住地が生活の本拠であることは、賃貸借契約書等を添付して明らかにする必要がある。

2　申立権者

破産手続開始の申立てをすることができるのは、債権者および債務者である（破 18 条 1 項）。債権者が申立てをするときは、その有する債権の存在および破産手続開始の原因となる事実を疎明しなければならない（同条 2 項）。債権者による無益または有害な申立てを防止するためである。債務者が申立てをするときは、自らの申立てであることから、その疎明は必要とされていない。

また、法人の理事や取締役らは、債務者に準ずる者として、法人について破産手続開始の申立てをすることができる（いわゆる「準自己破産」の申立て。破19条1項・2項）。法人自らが申立てをする場合には、理事会や取締役会等で承認決議をするか、理事や取締役等全員から同意を得ておく必要があるが、例えば、取締役等のうち一部の者と連絡がとれなかったり、一部の者が強行に反対していたりするため取締役会決議等をとることや同意を得ることができない場合、準自己破産の申立てが行われる。この場合、申立人は理事や取締役ら個人であって、当該法人は被申立人となる。したがって、申立書の当事者の表示や申立ての趣旨等の記載は、自己破産の申立書の記載とは異なる。また、申立代理人に対する委任状の作成名義人は、債務者（法人）ではなく、申立人（取締役等）個人であることに、注意が必要である（記載例として、東京地裁破産再生部の「即日面接通信」vol.11 参照）。法人としての意思決定に基づく申立てではないから、取締役等の全員が申立てをするときを除き、破産手続開始の原因となる事実を疎明しなければならない（破19条3項）。

　その他、破産法では、相続財産についての申立権者（破224条1項）、信託財産についての申立権者（破244条の4第1項）、外国管財人による申立権限（破246条1項）が定められている。

3　申立書・添付書類

(1)申立書の法定記載事項　破産手続開始の申立ては、最高裁判所規則で定める事項を記載した書面でしなければならない（破20条1項、破規13条）。申立書の必要的記載事項は、破産規則13条1項に定められており、記載に不備があれば、裁判所書記官や裁判所による補正処分（破21条1項前段、破規16条、破21条5項）や裁判長による申立書却下（破21条6項）の対象となる。また、申立書の訓示的記載事項が、破産規則13条2項に定められている。訓示的記載事項の記載がなくても、補正処分や申立書却下の対象にはならないが、破産手続の

円滑な進行や破産手続開始決定の可否等の判断に資するもので重要であるため、実務上は記載が求められている。

(2)添付書類　申立書には、債権者一覧表（破20条2項、破規14条1項・2項）のほか、主に次に掲げる書類を添付するものと定められている（破規14条3項）。

　　①債務者が個人であるときは、住民票の写し（本籍の記載が省略されていないもの）、債務者が法人であるときは、登記事項証明書（破規14条3項1号・2号）。

　　②破産手続開始の申立ての日の直近において、法令の規定に基づき作成された債務者の貸借対照表および損益計算書（4号）。

　　③債務者が個人であるときは、破産手続開始の申立ての日前1か月間の債務者の収入および支出を記載した書面（5号イ）ならびに債務者の収入の額を明らかにする書面（5号ロ）。

　　④債務者の財産目録（6号）。

　なお、裁判所や破産管財人とのやり取りの便宜等から、疎明資料には号証番号を付し、目録を作成することが望ましい。

　東京地裁破産再生部では、受付のチェック業務を迅速に進めるため、配布資料にて、申立書類の編綴順序、記載内容、基本的な確認事項が示されている。東京地裁以外の申立て先の裁判所についても、こうした配布資料の有無を事前に確認しておくべきである。

　さらに、申立書および添付資料一式は、利害関係人による閲覧謄写の対象文書となることから（破11条）、申立代理人としては、これら書類の作成に際し、事案に応じて、裁判所等と協議の上、個人情報保護に配慮した取扱いが必要となるケースがあることにも留意すべきである。

4　管財事件と同時廃止事件の振り分け

(1)管財事件と同時廃止事件の手続選択基準（東京地裁破産再生部の場合）　破産法は管財事件を原則としており、同時廃止（破産財団をも

って破産手続の費用を支弁するのに不足すると裁判所が認めたときに、破産手続開始決定と同時に破産手続廃止を決定するもの。破216条1項）はその例外である。

　債権者等の利害関係人はもとより、広く社会一般から破産手続に対する信頼を得るため、原則として、破産者の資産、負債および免責等について破産管財人が調査を行い、さらにはその結果を債権者に提供すること（いわゆる「情報の配当」）を通じて、破産手続の公平性・透明性を高めることが望ましいとされている。

　東京地裁破産再生部では、個人の自己破産申立事件については、破産手続開始決定時に、債務者が20万円（現金は33万円）以上の財産を有していると認められるか否かによって、管財事件と同時廃止事件を振り分けるのを原則とし、次のような場合には、管財事件として取り扱われることになる。

　(a) 33万円以上の現金がある場合

　(b) 20万円以上の換価対象資産がある場合　　預貯金、保険、自動車、過払金債権、退職金請求権の8分の1相当額（退職済みの場合は4分の1相当額）等（各資産類型ごとに20万円以上かが基準）。

　(c) 所有不動産に設定されている抵当権の被担保債権額が不動産処分予定価格の1.5倍未満の場合　　1.5倍以上のオーバーローンの状況にあり、同時廃止を希望する場合は、裁判所定型のオーバーローン上申書の提出、不動産の処分予定価格の疎明資料として、2社以上の取引業者の査定等が必要とされている。

　(d) 資産調査が必要な場合　　代理人の調査を経たものの20万円（現金は33万円）以上の資産を有していないことが明白でないときは、管財事件として取り扱われる。自営業者の場合（特に現在も自営を継続している場合）は、このように取り扱われることが多いことに注意が必要とされている。

　(e) 法人併存型の場合　　法人の代表者は、原則として当該法人と併せて管財事件として取り扱われる。

（f）免責調査が相当な場合　　免責不許可事由の存在が明らかでその程度も軽微とはいえない場合は、管財人による免責調査を経るのが相当であると考えられるとされている。

　こうした手続選択基準について、申立代理人としては、申立て予定の裁判所に事前に確認しておく必要がある。

（2）即日面接制度（東京地裁破産再生部の場合）　　東京地裁破産再生部では、弁護士である申立代理人によりあらかじめ資産、負債および免責不許可事由の存否について十分な調査が行われていることを前提に、面接の場で即時に同時廃止事件と管財事件を振り分ける手続として、即日面接制度（申立ての当日またはその翌日から3営業日以内に裁判官が申立代理人と面接をして、同時廃止の処理で特に問題がないと判断された事案について、その日のうちに、破産手続開始とともに同時廃止の決定を行うという運用）がとられている。東京地裁破産再生部では、「即日面接通信」を都度配布し、申立代理人が同時廃止を希望したものの、即日面接の結果、管財事件相当とされた事案について、その原因を分析した結果を紹介している。この点、平成30年10月の調査では、同時廃止を希望しながら管財事件相当とされた事件の割合は約28.2%で増加傾向になっていること、管財事件への移行原因として最も多いのは「調査不足」（約38%）であること等、その詳細な分析結果を指摘している。また、明らかに20万円以上の資産が存在する、あるいは負債総額が相当高額であるにもかかわらず使途についての調査が不十分であるなど、同時廃止とすることが相当とは考え難い事案について、あえて同時廃止を希望して申し立てられる例も見受けられること、法律上、債務者には「同時廃止の申立権」は存在せず、裁判所の判断によって管財事件となり得ること、その場合には引継予納金として最低20万円が必要となることを、あらかじめ債務者本人に十分に説明していない事案が少なくない傾向にあると指摘し、このような状況が続くことは、申立代理人に対する信頼という即日面接制度の根幹を揺るがしかねないとしていることに留意すべきである。この「即日面接

通信」には、破産申立てにあたっての注意事項等が掲載されており、都度配布され、内容が順次改訂されている。東京地裁破産再生部前の陳列棚や在京の各弁護士会のウェブサイトで入手できるので、申立てにあたり、事前に入手して確認しておくべきである。

5　予納金等の納付

破産手続開始の申立てをするときは、申立人は、破産手続費用として裁判所の定める金額を予納しなければならない（破22条1項）。

予納金の金額は、破産財団となるべき財産および債務者の負債（債権者の数を含む）の状況その他の事情を考慮して定められる（破規18条1項）。予納金額の具体的な基準や納付方法は各裁判所により異なるため、申立て先の裁判所に事前に確認しておく必要がある。

予納金の他に、法定の申立手数料と予納郵便切手を納付する必要がある。

【 *Answer* 】

Case では、X単独の同時廃止を選択するのではなく、管財事件として、XだけでなくA社の破産を申し立てることを検討し、申立代理人としての調査・準備を進めるべきである。調査等を進めるにあたっては、当該事案の管轄を確認し、従前の状況等もふまえて、管轄裁判所のうちどの裁判所に申し立てるべきかを検討した上、破産申立て先の裁判所に申立書・添付資料の雛形や作成要領等の有無を確認し、入手しておく必要がある。併せて予納金の金額や納付方法も確認しておく。

準自己破産を申し立てる場合は、申立書や委任状の記載内容に注意が必要である。

申立代理人としては、破産事件は管財事件が原則であり、同時廃止は例外であること、同時廃止を申し立てる際は、申立代理人の調査不足等を理由に管財事件に移行することがないように調査・準備を尽くす必要があること等を、強く意識しておかなければならない。

◀ コラム ▶ 破産管財人の業務(応用編)

　破産管財人の業務の経験を一定程度積んでいくと、次第に複雑な事案（事業を継続中または直前まで継続していた会社、債権者多数、債権者による破産申立て等）の破産管財人として裁判所から選任されることがある。また、比較的管財人経験が少ない段階であっても、先輩弁護士から声を掛けられて破産管財人代理として、複雑な事案に対応することとなる場合もある。

　そのような複雑な事案に対応するにあたっては、まず初動対応が極めて重要となるが、初動段階においては各利害関係者からの問合せも多く、大小様々な対応を迫られ、すべての事柄に対応することができない場合がある。そこで、初動段階で対応すべき事項について、どのような観点から優先順位を付けていくべきかについて述べたい。

　まず、破産管財人としては、「破産財団を減らさない」という観点は極めて重要であり、最優先されるべき事項であるといえよう。具体的には、不要な財団債権を生じさせないよう、事業所等の賃借契約を解除し、早期に明渡しができるよう、事業所内に保管されている資料、什器・備品等を速やかに整理し、管財業務に必要となる物（会計帳簿・データ、税務申告書類、賃金台帳、従業員名簿、売掛金の証拠資料等）は保全し、必要でない物は速やかに換価ないし処分するよう努める必要がある。電気・水道・ガス代、電話代等についても、不要な財団債権の発生を防ぐという観点から、契約の存否・内容を確認し、管財業務に不要な契約であれば解約手続を早期に行う必要がある。その際、破産管財人からNTT等の債権者に確認すると契約の漏れが生じない。また、現に存在する資産を確保するという点も、「破産財団を減らさない」という観点から重要となる。特に、破産会社の現金、有価証券、権利証、自動車の鍵（自動車については運転者が事故を起こした場合の運行供用者責任の問題もある）等は滅失しやすいので、現地で破産管財人が確認し、その

占有を確保する必要がある。

　次に、従業員への対応も破産管財人の初動段階において優先すべき事項であろう。破産管財業務に必要な範囲で従業員の協力を得る必要があるが、破産手続に至っている以上、原則として従業員は最終的に退職することとなる。その際、従業員には、源泉徴収票、離職票等を交付する必要があるが、従業員への失業保険の支給や再就職の妨げとならないよう、破産管財人としては破産会社の総務部門と協力して必要な対応をとらなければならない。

　また、破産会社の資産の換価回収については、破産管財人としての業務の根幹であるから、「破産財団を減らさない」状況を整えた上で、早期に着手する必要がある。特に、季節商品、腐敗しやすい在庫品、消滅時効が迫っている債権等、早期に換価しなければ換価ないし回収不能となる資産がないか確認し、対応することが肝要である。

　もちろん、破産手続においては、スピード感が重要であるから、上記に挙げた事項以外にも迅速に対応すべきことはいうまでもないが、初動段階にあたって、後回しにしてしまった結果、致命傷を負うことを避けるための一つの指針として留意されたい。（八木　理）

Ⅵ…破産手続中の申立代理人の役割

Case

　Xは、個人事業者として、青果物の販売等を営んでいたが、多額の負債を抱えて資金繰りに行き詰まり、過日、破産を申し立てたところ、破産手続開始が決定され、破産管財人としてYが選任された。破産手続では、店舗として使用していたX所有の不動産を任意売却し、その売却代金等からの配当が見込まれている。そうした中、Xの妻であるAから提出された、Xに対する貸付金に関する債権届について、Xを通じてAに取り下げるよう説得してほしいと、Yから申立代理人に対して連絡があった。

• • •

ノボル：Xの破産を申し立て、破産管財人への引継ぎも無事終えたので、あとは債権者集会に出席するだけと考えていたのですが、破産管財人から協力を求める連絡がありました。

姉　弁：申立代理人は、申立てをすればその役割が終わるわけではなく、破産手続を通じて説明義務を負っているし、破産管財人から協力を求められるようなことも、よくあるわ。例えば東京地裁破産再生部で運用されている少額管財事件では個々の手続を簡素化し、引継予納金も低く抑えられているけど、それは申立代理人の協力等を前提にするものよ。

ノボル：ただ、今回、破産管財人から協力を求められたのは、Xではなくて、Xの妻であるAから提出された、Xに対する貸付金の債権届についてなんです。

兄　弁：法人が破産申立てをした場合、代表者の法人に対する貸付金については、代表者の経営責任等もふまえて、債権届を提出するのは控えるのが一般

的だし、身内からの破産者に対する貸付けについては、帳簿上計上され
ていても、その存否が疑われ、問題になるようなケースは確かによくあ
るよね。

ノボル：そうしたケースがあるのは理解できるのですが、Xに確認したところ、
　　　　Aは別の仕事をしていて、Xの事業には全く関与していなかったとのこ
　　　　とですし、Aは実父の相続で遺産を取得し、その遺産の中からXへの貸
　　　　付けを行ったとのことでした。

姉　弁：なるほど。だとすれば、Aの債権届を取り下げる必要はないだろうし、
　　　　破産管財人に事情を説明して、再考してもらう必要がありそうね。破産
　　　　管財人との間で、どうしても見解が一致しないときは、裁判所に直接相
　　　　談することも検討できるわ。

兄　弁：ただし、この件については、あくまでも申立代理人の立場で対応すると
　　　　いうことを意識しておく必要があるよ。

ノボル：どういうことでしょうか？

姉　弁：あたかもAの代理人として、Aの利益のために対応するとなると、利益
　　　　相反の問題が生じるということよ。破産手続開始の決定により、破産管
　　　　財人にXの財産管理処分権が帰属することで、Xと破産管財人は同視さ
　　　　れ得るし、その相手方で破産債権者であるAについて、Xの申立代理人
　　　　が代理するわけにはいかないのよ。

兄　弁：すぐに破産管財人の理解を得られないのであれば、Aには、早めに別の
　　　　弁護士に依頼してもらって、申立代理人としては、必要以上に関与しな
　　　　い方がいいだろうね。

Check List

☐破産管財人に対し、適切かつ速やかに引継ぎを行ったか［→
　1(1)］
☐依頼者（破産者）に対し、破産手続中における注意事項を説
　明したか［→ **1(1)**］

□破産管財人からの協力要請に対し、適切に対応したか〔→ **1
（2）**〕

□依頼者（破産者）が自由財産の範囲の拡張を希望した場合に、
上申書等の提出を検討したか〔→ **1（3）**〕

□債権者集会等への依頼者（破産者）の出頭を確保したか〔→
1（4）〕

□債権者集会等に出席するにあたり、破産手続開始決定前の事
情につき説明できるよう準備したか〔→ **1（4）**〕

□破産管財人や破産債権者から免責不許可の意見が述べられた
場合に、反論するための上申書の提出等を検討したか〔→ **1
（5）**〕

□同時廃止事件における申立代理人の役割を認識しているか
〔→ **2**〕

［ 解 説 ］

1　管財事件における申立代理人の役割

(1)破産管財人への引継ぎ　　破産手続開始の決定があった場合には、
破産財団に属する財産の管理および処分をする権利は、裁判所が選任
した破産管財人に専属し（破78条1項）、また、破産管財人は、就職
の後直ちに破産財団に属する財産の管理に着手しなければならないと
されている（破79条）。したがって、申立代理人としては、破産管財
人（候補者）が破産手続開始までに破産財団の状況を把握できるよう
に、申立て前の調査結果等を速やかに引き継ぐ必要がある。

　具体的には、例えば東京地裁破産再生部の管財事件における運用で
は、申立代理人において、破産管財人候補者の内定後直ちに、①申立
書副本、疎明資料および所定の打合せ補充メモを破産管財人候補者の
事務所に直送し、②破産管財人候補者と連絡を取って日程調整し、破

産手続開始決定前に、破産管財人候補者と申立代理人および破産者本人との打合せをすることが求めれられている。なお、急を要する事案では、申立書副本等を破産管財人候補者事務所に持参ないしバイク便で届けた上で、申立て当日のうちに三者打合せをすべき場合もあるとされる。

　また、引継予納金や破産者が有する換価対象資産等については、破産開始決定後直ちに、破産管財人に引き継ぐ必要がある。

　他方、依頼者（破産者）は、破産手続開始決定により、破産管財人に財産管理処分権限が移行することで、それまでの緊張から解放され、破産手続における処理等は、もはや他人事といった感覚に陥ってしまうことも懸念される。申立代理人としては、申立てに際し、依頼者（破産者）に対して、改めて破産制度の趣旨・内容等を説明するとともに、破産手続においては、破産管財人に対する説明義務があること（破 40 条）、破産管財人から求められた説明を拒んだり、うその説明をしたり、また、破産管財人から引き渡すよう指示された財産の引渡しを拒んだりなどすれば、処罰されたり（破 268 条・265 条・270 条）、免責が許可されないことがあること（破 252 条 1 項 11 号・1 号・6 号）等を説明し、注意しておく必要がある。東京地裁破産再生部での申立てに際しては、「破産者に対する注意事項」と題する書面（①「法人の役員等の方へ」と②「個人の債権者の方へ」の 2 バージョンあり）が交付されており、申立代理人は破産者に対し、同書面の内容に沿って説明し、指導すべきとされている。なお、破産手続中の破産者の居住に係る制限（破 37 条 1 項）については，本章 VII の 2 参照。

（2）破産管財人からの協力要請に対する対応　　申立代理人の役割は、破産手続開始を申し立て、破産管財人への引継ぎを行うことで終わるものではない。破産管財人は、破産手続開始の申立てをした者に対し、破産債権および破産財団に属する財産の状況に関する資料の提出または情報の提供その他の破産手続の円滑な進行のために必要な協力を求めることができるとされており（破規 26 条 2 項）、申立代理人は、破

産管財人からの協力要請に対し、破産手続中において、随時対応することとなる。協力の内容については、例えば東京地裁破産再生部では、以下の事項をその例として挙げている（破産管財の手引88頁以下）。

①法人、事業者たる個人の場合、破産管財人と申立代理人との初回の打合せに経理担当者等のキーパーソンを同席させる、経理ソフトを使用可能な状態に保つ等、破産管財人が経理状態を早期に把握できるようにするための協力をする。

②法人、事業者たる個人の場合、破産管財人が最初に事業所等に赴く際に同行し、現場の状況について説明するとともに、従業員に対する説明において破産管財人を補助する等の協力をする。

③破産管財人が破産手続開始後直ちに対応する必要がある事項について、申立て前から調査しておき、申立て後直ちに破産管財人にその情報を引き継ぐ。具体的には、本社・営業所・工場・倉庫等の占有管理状況、保有資産の保管状況（管理者の存否、施錠の有無、在庫品その他の資産の持ち去り等の有無とそれに対する申立て前の対応状況等）、双方未履行双務契約の具体的状況、否認該当行為の存否、回収すべき債権に関する時効その他の抗弁に関する情報、帳簿・伝票類の保管場所と保管状況等に関する情報を引き継ぐ。

④破産管財人が管理すべき財産のうち、貴重品、紛失しやすい物等を、債務者（代表者等）から預かる等の適宜の措置をとって確保し、申立て後直ちに破産管財人に引き継ぐ。具体的には、不動産の登記済権利証（登記識別情報）、所有する土地建物の図面、手形小切手、株券、その他の有価証券、自由財産の範囲を超える現預金や保険証券、自動車のキー等を引き継ぐ。

⑤破産者に関して賃貸借契約があるときは、これに関する資料や情報を早期に引き継ぐ。

⑥訴訟や競売手続が係属しているときは、これに関する記録や情報を早期に引き継ぐ。

⑦破産手続開始前の事実関係で申立書に記載されていないものまたは記載が不十分であったものについて、調査の必要が生じた場合（否認権を行使する必要がある場合等）に、破産管財人からの依頼に基づき、調査や資料収集を行う。

⑧申立書添付の債権者一覧表の記載内容と債権届出書の記載内容が相違している場合や、破産手続開始通知が到達しないなど債権者一覧表記載の住所に不備があった場合に、破産管財人からの依頼に基づき、補充調査や資料収集を行う。

⑨申立書添付の財産目録等に不十分な点があった場合（売掛金の請求および回収状況の詳細が不明である場合等）に、破産管財人からの依頼に基づき、補充調査や資料収集を行う。

⑩破産者の自宅を任意売却する場合、破産者に対し、売却必至であることを説明し、速やかに明け渡すよう指導する。破産者が親族と共有している物件の破産者の持分について親族に買取りを依頼する場合などは、破産管財人からの依頼に基づき、換価業務に関する交渉の補助や参考意見を提供する。

⑪財産状況報告集会で債権者から出される質問等のうち、破産手続開始前の事情などについては、申立代理人から回答する。

これらの事項については、申立代理人自身が協力するほか、破産管財人の協力要請に対応可能な人物（破産者本人、代表者、経理担当者等）への取次ぎも含むとされる。

また、解雇された従業員から早期に離職票を求められることや、病気通院中の従業員から早期に健康保険関係の処理（資格喪失届の提出）を求められること等があった場合、就任直後の破産管財人だけで対応することは困難であるから、従業員関係の詳細を把握している破産者（代表者）や申立代理人が、離職票、資格喪失届、源泉徴収票、未払賃金立替払制度の申請書等を準備して、破産管財人に提出して証明印を求める方が円滑に進むことがあるともされている。

ただし、破産管財人に協力しつつも、総債権者のために公平な立場

で活動することが求められる破産管財人に対し、申立代理人は、あくまでも依頼者である破産者の利益について代弁するという役割分担で対応することが求められる。申立代理人は、破産制度の趣旨から当然に求められる法的義務として、公平誠実義務を負うとされるが（東京地裁破産再生部の見解）、依頼者（破産者）の利益を擁護実現すべき代理人的役割を負っていることも、もちろん忘れてはならない。申立代理人において、破産管財人による手続進行等に疑問が生じたり、見解の相違があり、破産管財人と協議してもそれらが解消しないような場合は、裁判所に連絡して協議等を行うべきである。このような場合、東京地裁破産再生部では、所定の「申立代理人連絡書」を利用して連絡する扱いとされている。

（3）自由財産の範囲の拡張に関する対応　　自由財産とは、破産財団に属さず、破産者が自由に管理処分できる財産をいう。破産財団は、破産者が破産手続開始の時に有する一切の財産とされ（破34条1項）、破産者が破産手続開始後に新たに取得した財産は自由財産である。99万円に満つるまでの現金（同条3項1号、民執131条3号、民事執行法施行令1条）と、差し押さえることができない財産（破34条3項2号）も、法定の自由財産である。加えて、破産管財人が破産財団から放棄した財産や、自由財産の範囲の拡張の裁判がなされた財産も自由財産となる（同条4項）。

　自由財産の範囲の拡張とは、破産者の個別の事情に応じ、生活の保障を図ることを可能とするため、所定の要件に該当する場合に、裁判所の決定により、一定の財産を自由財産として取り扱うものである。裁判所は、自由財産の範囲の拡張の決定をするにあたっては、破産管財人の意見を聴かなければならないとされている（破34条5項）。なお、破産管財人が選任されない同時廃止事件については、自由財産の範囲の拡張は認められない。

　したがって、依頼者（破産者）が自由財産の範囲の拡張を希望する場合には、破産管財人に拡張意見を述べてもらえるように、申立代理

人において、破産管財人に対し、その考慮要素である①破産者の生活の状況、②破産手続開始時に破産者が有していた財産の種類および額、③破産者が収入を得る見込みその他の事情について、できる限り詳細な上申書等を作成して提出することを検討することとなる。

　なお、東京地裁破産再生部では、個人破産の換価基準を定め、法定の自由財産に当たらない場合でも、一定の財産については、原則として破産手続における換価または取立てをせず、換価等をしない範囲内で自由財産の範囲の拡張の裁判があったものとして取り扱われている。この換価基準上の換価等を要しない財産に当たらない場合であっても、自由財産の範囲の拡張は認められ得るが、99万円までの現金が自由財産とされていることとの均衡から、自由財産の総額が99万円以下となるような拡張の場合には、比較的緩やかに判断できる場合があるが、99万円を超えるような拡張の場合には、より慎重に判断をすることとなるとされている。

（4）債権者集会への出席、破産者の出頭確保　　破産法に規定されている債権者集会には、財産状況報告集会（破31条1項2号）、任務終了計算報告集会（破88条3項）および破産手続廃止に関する意見聴取集会（破217条1項）がある。東京地裁破産再生部の運用では、全件について債権者集会を開催し、これらの集会を同一日時に一括して指定し、その後も破産手続終了まで債権者集会を続行し、定期的に開催する扱いとされている。また、債権者集会に併せて、債権調査期日（破31条1項3号）および免責審尋期日（個人破産事件の場合）も同一日時に指定される。

　破産者（破産法人の代表者を含む）およびその代理人である申立代理人は、破産手続に関し、債権者集会において説明する義務を負っており（破40条1項1号・2号）、債権者集会に出席しなければならない。したがって、申立代理人は、自らが出席するだけでなく、破産者の出頭も確保する必要がある。申立て前に、依頼者（破産者）に対し、申立てに際し指定される債権者集会の期日は仕事等を理由に休むことは

許されないことを説明し、仕事等の性質上休みをとれない日程等があるのであれば、あらかじめ確認しておき、申立て時に裁判所にその旨申し出て、できる限りの日程調整を行うことが考えられる。また、破産者本人が、債権者集会の期日を失念したり、遅刻したりすることがないように、正当な理由なく債権者集会に出頭しないときは、免責が許可されないことになる（破252条1号11号）ことを説明しておく必要がある。したがって、債権者集会の期日直前に、事務所での打合せ等を行い、当日の進行等を説明するとともに、待合せ時間・場所を決めておくことが望ましい。万一、病気等のやむをえない事情で破産者が出頭できないことが判明した場合には、速やかにその旨の上申書を提出することとなる。

　債権者集会における破産者および申立代理人の説明義務の範囲は、破産に関して必要となるすべての事項に及ぶ。東京地裁破産再生部の扱いでは、債権者から出される質問等のうち、特に破産手続開始前の事情などについては、申立代理人から回答することが多いとされている（前記(2)⑪参照）。申立代理人としては、債権者集会の期日前に申立書およびその添付資料等を改めて精読し、破産手続開始前の事情等について適切な説明ができるように準備しておくことが必要である。

　なお、債権調査期日（前記のとおり、東京地裁破産再生部の扱いでは債権者集会と同一日時で開催される）では、破産者は、破産管財人が行う認否のうち、破産債権の額について異議を述べることができる（破121条4項）。届出をした破産債権者が異議を述べなかったときは、破産債権の額等は確定するが（破124条1項）、破産者が異議を述べた破産債権については、破産債権者表の記載が、破産者に対し、確定判決と同一の効力を有しないこととなるとされている（破221条2項）。破産者が個人で、免責が不許可となる可能性がある場合は、破産債権者表の記載に基づく強制執行を避けるため、申立代理人としては、事前に破産者と協議し、異議を述べるか否かにつき検討しておく必要がある。

（5）免責許可の決定等に対する対応　破産者につき免責許可の決定をすることの当否について、破産管財人や破産債権者は、裁判所に対し意見を述べることができるとされている（破251条1項）。破産管財人等から免責不許可の意見が述べられた場合には、申立代理人としては、その意見に対する反論等の上申書を提出する必要がある。

　また、裁判所が免責不許可を決定した場合、申立代理人としては、即時抗告を検討することとなる（破252条5項）。他方、免責許可決定に対し破産債権者から即時抗告がなされた場合は、上申書等により、意見を述べることとなる。なお、免責に関する決定に対する不服申立てについては、本章**VII**の**6**参照。

2　同時廃止事件における申立代理人の役割

　破産手続開始の決定に際し、同時廃止が決定された場合、破産管財人は選任されない。そこで、例えば破産手続開始決定後に新たな債権者がいることが判明したときは、申立代理人において、当該債権者に対し、破産手続開始および同時廃止決定があったこと等の通知書を送付し、かつ、裁判所に対し、その送付した旨の上申書等を提出することとなる。東京地裁破産再生部の運用では、所定の通知書および上申書により、これらの対応を行うものとされている。

　また、免責審尋期日には、病気等のやむを得ない事情がある場合を除き、申立代理人だけでなく、破産者本人も出席する必要があるから（破250条2項）、破産者本人の出頭を確保することとなる。破産者本人の出頭を確保するための事前の打合せや説明等については、前記**1****（4）**の債権者集会の場合と同様である。

　免責審尋期日の進行について、例えば東京地裁破産再生部の同時廃止事件については、免責審尋期日に先立ち、申立代理人から破産者に対し、免責制度の趣旨や免責不許可事由、今後の生活における注意点等については、十分に説明されていることを前提に、当日の免責審尋は、主に破産手続開始決定後の事情を確認するに留めるとされている。

こうした運用にかかわらず、申立代理人としては、受任時、申立て前後、免責審尋期日直前等の各打合せなどを通じて、破産者にこれらのことを幾度となく説明し、十分な理解を得ておくことが肝要である。

【 *Answer* 】

Case では、破産手続を通じて説明義務を負う申立代理人（破40条1項2号）として、破産管財人からの協力要請等があった場合には、できる限りの対応をすることが求められる。また、破産者本人においても、同様に協力させるよう対応する必要がある（同条1項1号）。

Case における協力要請は、破産者であるXではなく、その妻であるAが提出した債権届の取下げについてである。また、Aにおいて債権届を取り下げるべき事情がないのであれば、その旨を記載した意見書等を提出して、破産管財人の理解を求めるべきといえる。場合によっては、裁判所に対する相談も検討すべきであろう。ただし、その一方で、こうした対応は、あくまでも申立代理人の立場を堅持して行うべきであり、それを離れてAの代理人として関与し、利益相反規定（弁護士法25条1号、弁護士職務基本規程27条1号）に抵触すれば、懲戒請求をされかねないことに留意すべきである。なお、再生手続開始の申立てから破産手続に移行し、申立代理人の利益相反が問題となった事案として、最決平成29・10・5民集71巻8号1441頁参照。

VII…免責手続に関する申立代理人の役割

Case

　Xは、住宅ローンを含む約3500万円の債務につき支払不能の状況に陥り、過日、破産を申し立てたところ、破産手続開始が決定され、破産管財人としてYが選任された。その後、破産手続が進む中、Yから申立代理人に対し、X宛ての転送郵便物で複数のパチンコ店からの案内葉書が届いていること、また、クレジットカード会社の債権届に添付されていた利用明細において、キャバクラ、ラウンジ等における相当額の支払履歴が散見されるとの指摘があり、これらについてXに事情聴取した上、報告するよう連絡があった。

• • •

ノボル：大変です！　先日、破産を申し立てたXについて、破産管財人から連絡があり、Xが申立て前にパチンコ店やキャバクラ等に頻繁に通う等して浪費していたのではないかとの指摘がありました。

姉　弁：申立ての準備を進めていく時に、過去に、ギャンブルをしたり、過度な遊興費がなかったかなどについて、Xに確認しなかったの？

ノボル：裁判所所定の陳述書兼報告書を渡して、免責不許可事由に該当する行為がないかをチェックしてもらいましたが、特にないとのことでしたし、一見真面目そうなXがまさか、というのが正直なところです。

兄　弁：Xに対する説明や注意が足りなかったことは否めないね。

ノボル：はい……。Xは、もう免責を受けられないのでしょうか？

姉　弁：あきらめるのは、まだ早いわ。まずは、Xに対し、今度こそよく思い出して、正直に全部話すよう促し、それらの店に通っていた状況等の詳細を聴き取って、破産管財人に対して書面で報告すること。

兄　弁：もし状況的に免責不許可事由に該当するような場合であっても、裁量免責を受けることができるように、Ｘの反省の弁や、できるだけ具休的に、今後はこうした行為には及ばないといえるだけの善処策等を検討し、破産管財人に対し上申書等を提出すべきだよ。

姉　弁：例えば東京地裁破産再生部の運用では、破産管財人の調査に誠実に対応したか、また、Ｘに経済的更生の可能性があるかが重視される傾向にあるし、実際、多くの事件で裁量免責が認められているというのが実感よ。一番まずいのは、虚偽の説明をしたり、破産管財人の調査に誠実に協力しないことで、そうした対応も含めて、事案として相当に悪質と判断されてしまうことだわ。

兄　弁：ノボル君自身も、申立て前の説明やチェックが甘かったことは反省する必要があるけど、改めてＸとよく話をして、きちんと事実を述べさせ、しっかり反省もさせて、Ｘには、二度とこうした浪費などに及ばないよう、心してもらわないとね。

ノボル：Ｘにとって、ピンチをチャンスに変えられるように、そして裁量免責を受けることができるように、Ｘとよく話し合って、一緒にがんばります！

Check List

□依頼者（破産者）に対し、破産管財人から求められた説明を拒んだり、うその説明をしたときは、免責が許可されないことがあることを注意したか［→ 2 ⑧⑪］

□依頼者（破産者）に対し、財産を隠したり、壊したり、他の者に譲り渡してはいけないこと、また、帳簿や書類などを隠したり、偽造したり、書き換えたりしてはいけないこと、さらに破産管財人が引き渡すよう指示した財産は、すべて引き渡さなければならないこと、これらに違反すると免責が許可されないことがあることを注意したか［→ 2 ①⑥］

□依頼者（破産者）に対し、破産手続中に、裁判所や破産管財
　人に無断で、引っ越しをしたり、旅行等をすることは許され
　ず、これに違反すると免責が許可されないことがあることを
　注意したか〔→ 2 ⑪〕
□依頼者（破産者）に対し、病気等の正当な理由がないにもか
　かわらず債権者集会に出頭しない場合、免責が許可されない
　ことがあることを注意したか〔→ 2 ⑪〕
□免責不許可事由がある場合に、同時廃止ではなく、管財事件
　を選択することで、裁量免責を受けることを検討したか〔→
　3〕
□依頼者（破産者）に対し、免責不許可事由があっても、破産
　管財人の調査に誠実に対応することで、免責が許可される可
　能性が高まることを説明したか〔→ 3〕
□依頼者（破産者）に対し、免責されない債権があることを説
　明したか〔→ 5〕

〔 解 説 〕

1　免責許可の申立て

　個人である債務者（破産者）は、破産手続開始の申立てがあった日
から破産手続開始の決定が確定した日以後 1 か月を経過する日まで
の間に、破産裁判所に対し、免責許可の申立てをすることができる
（破 248 条 1 項）。ただし、債務者が反対の意思表示をしない限り、破
産手続開始の申立てと同時に免責許可の申立てをしたものとみなされ
る（同条 4 項）。個人の自己破産申立ての事案では、免責を得ること
を目的としているのが通常であるからである。実務上、個人の自己破
産申立ての場合、破産手続開始と免責許可の申立書が一体となった書
式が使用されている。免責許可の申立てをするには、債権者名簿を提

出しなければならないが（同条3項、破規74条3項）、破産手続開始の申立てと同時に免責許可の申立てがあったとみなされる場合は、破産手続開始の申立てに際して提出される債権者一覧表が債権者名簿とみなされる（破248条5項）。

　裁判所は、免責許可の申立てがあったときは、破産手続開始の決定があった時以後、1か月以上の意見申述期間を定め、その期間を官報公告するとともに、破産管財人および知れている破産債権者に通知することとされている（破251条）。免責審尋の実施は任意的なものとされているが、例えば東京地裁破産再生部では、全件につき免責審尋を実施しており（破8条2項）、免責審尋期日は、意見申述期間の満了日と同日に指定され、債権者集会と同時に開催される。

2　免責不許可事由

　破産者について、次の①〜⑪に掲げる事由のいずれにも該当しない場合には、裁判所が免責許可の決定をする（破252条1項）。

①債権者を害する目的で、破産財団に属し、または属すべき財産の隠匿、損壊、債権者に不利益な処分その他の破産財団の価値を不当に減少させる行為をしたこと（1号）。

②破産手続の開始を遅延させる目的で、著しく不利益な条件で債務を負担し、または信用取引により商品を買い入れてこれを著しく不利益な条件で処分したこと（2号）。

③特定の債権者に対する債務について、当該債権者に特別の利益を与える目的または他の債権者を害する目的で、担保の供与または債務の消滅に関する行為であって、債務者の義務に属せず、またはその方法もしくは時期が債務者の義務に属しないものをしたこと（3号）。

④浪費または賭博その他の射幸行為をしたことによって著しく財産を減少させ、または過大な債務を負担したこと（4号）。

⑤破産手続開始の申立てがあった日の1年前の日から破産手続

開始の決定があった日までの間に、破産手続開始の原因となる事実があることを知りながら、当該事実がないと信じさせるため、詐術を用いて信用取引により財産を取得したこと（5号）。

⑥業務および財産の状況に関する帳簿、書類その他の物件を隠滅し、偽造し、または変造したこと（6号）。

⑦虚偽の債権者名簿を提出したこと（7号）。

⑧破産手続において裁判所が行う調査において、説明を拒み、または虚偽の説明をしたこと（8号）。

⑨不正の手段により、破産管財人等の職務を妨害したこと（9号）。

⑩免責許可決定確定日等から7年以内に免責許可の申立てがあったこと（10号）。

⑪破産法が定める義務に違反したこと（11号）。

破産者には、破産管財人等に対する説明義務（破40条1項）、重要財産開示義務（破41条）および免責についての調査協力義務（破250条2項）があり、これらに違反することは免責不許可事由（前記⑪）に当たる。調査協力義務違反の具体例としては、免責審尋期日に重篤な病気等により出頭に支障がある等の正当な理由がないにもかかわらず出頭しない場合などが挙げられる。

破産者は、その申立てにより、裁判所の許可を得なければ、その居住地を離れることができないとされており（破37条1項）、勝手に転居等することは免責不許可事由（前記⑪）に当たる。なお転居だけでなく、2泊以上の宿泊を含む旅行や出張、特に海外については1泊でも、「居住地を離れる」に当たると解されている。なお、東京地裁破産再生部では、破産者が居住地から離れることについては、破産管財人の同意で足りるとする扱いであり、個別に裁判所の明示的な許可決定をするという運用は行われていない。申立代理人としては、依頼者（破産者）が勝手に転居等しないよう指導しておく必要がある。

3 裁量免責

　免責不許可事由のいずれかに該当する場合であっても、裁判所は破産手続開始の決定に至った経緯その他一切の事情を考慮して免責を許可することが相当であると認めるときは、免責許可の決定をすることができるとされている（破252条2項）。

　裁判所は、破産管財人に、免責不許可事由（破252条1項各号）の有無または裁量免責の判断にあたって考慮すべき事情についての調査をさせ、その結果を書面で報告させることができ（破250条1項）、破産者は破産管財人が行う調査に協力しなければならない（同条2項）。

　東京地裁破産再生部では、免責の判断においては破産管財人の調査結果を重視するとされており、管財事件全件について裁判所の個別的な調査命令がなくても、破産管財人において、広く裁量免責の可否についても調査・報告させ、免責審尋期日において意見を述べさせる運用が行われている。また、免責の理念は、①誠実な破産者に対する恩典と②債務者の経済的更生の2点にあるとされ、破産管財人は、単に過去の免責不許可事由の有無だけでなく、破産者が破産手続に誠実に協力したか否か、特に総債権者の代表者としての地位も存する破産管財人に適切に情報を開示したか否か、債権者への「情報の配当」の実現に貢献したか否か、破産者に経済的更生の可能性があるか否かという点も含め、総合的な観点から調査をする必要があるとされている。

　このように、管財事件では、破産管財人に対し、破産手続開始決定後の事情についても、裁量免責の判断に必要な事情として示すことができるから、申立代理人としては、例えば、免責不許可事由の存在が疑われるような事案、免責不許可事由の存在が明らかでその程度も軽微とはいえない事案などについては、同時廃止事件ではなく、管財事件を選択して、申し立てることを検討すべきといえる（いわゆる免責調査型の管財事件）。そして、申立代理人は、申立て前に、免責不許可事由の有無につき十分な調査を行い、もしその存在を確認したときは、それを申立書に記載するとともに、早期に適切な是正措置をとってお

くことも検討すべきである。

　他方、虚偽の記載や説明、破産管財人による調査への非協力的な態度等は、申立て時に免責不許可事由が存在しなかった場合であっても、免責許可の決定を受けられない結果にもなり（破252条1項7〜9号・11号）、場合によっては、処罰されることにもなる（破265条・268〜271条等）。申立代理人としては、受任に際し、依頼者（破産者）に対し、免責許可制度を説明し、免責不許可事由に該当するような行為に及ばないよう指導するとともに、実務上、最終的に免責不許可となる事案は非常に少ない割合に留まっていることもふまえ、たとえ免責不許可事由があったとしても、事実をきちんと述べ、裁判所や破産管財人の調査に誠実に協力することで、裁量免責の可能性が高まることを説明し、理解させておく必要がある。

4 免責許可決定の効力

　免責許可の決定が確定したときは、破産者は、破産手続による配当を除き、破産債権について、その責任を免れる（破253条1項柱書本文）。この効力について、通説は、破産債権はその責任が消滅し自然債務になると解しており、判例も同様に解することを前提としていると考えられる。免責の対象は破産債権に限られ、財団債権や別除権には免責の効果は及ばない。

　免責許可の決定の効力は確定の時に生じ、遡及効は認められない（最判平成2・3・20集民159号253頁参照）。

　免責許可の決定が確定したときは、破産者は当然に復権し（破255条1項1号）、破産手続開始の決定により生じた資格制限など（民847条3号・852条・1009条等）は消滅する。

　免責許可の決定は、破産債権者が破産者の保証人その他破産者とともに債務を負担する者に対して有する権利および破産者以外の者が破産債権者のために供した担保に影響を及ぼさない（破253条2項）。

　なお、一旦免責許可の決定が確定した後であっても、一定の事由が

ある場合は、裁判所は、破産債権者の申立てによりまたは職権で、免責取消しの決定をすることができる（破254条1項）。

5 非免責債権

　免責の効果は、すべての破産債権に及ぶのが原則であるが、政策的な理由から、以下の債権には及ばないものとされている（非免責債権。破253条1項各号）。

　①租税等の請求権（1号）。

　②破産者が悪意で加えた不法行為に基づく損害賠償請求権（2号）。「悪意」とは、他人を害する積極的な意欲（害意）を意味すると解されている（東京地判平成13・5・29判タ1087号264頁ほか参照）。

　③破産者が故意または重大な過失により加えた人の生命または身体を害する不法行為に基づく損害賠償請求権（3号）。

　④破産者の次の義務に係る請求権（4号）。
　　イ　夫婦間の協力および扶助の義務（民752条）
　　ロ　婚姻費用の分担義務（民760条）
　　ハ　子の監護に関する義務（民766条等）
　　ニ　扶養の義務（民877条～880条）
　　ホ　イからニの義務に類する義務であって、契約に基づくもの

　⑤雇用関係に基づいて生じた使用人の請求権および使用人の預り金の返還請求権（5号）。

　⑥破産者が知りながら債権者名簿に記載しなかった請求権（当該破産者について破産手続開始の決定があったことを知っていた者の有する請求権を除く）（6号）。「知りながら」とは、破産者が悪意の場合だけでなく、過失による記載漏れも含まれると解されている（東京地判平成14・2・27金法1656号60頁ほか参照）。

　⑦罰金等の請求権（7号）。

　申立代理人としては、申立て前の債権調査において、これらに該当

する債権を確認した場合には、依頼者（破産者）に対し、当該債権については免責の効果が得られないことを説明しておく必要がある。

6 免責に関する決定に対する不服申立て

免責許可の申立てについての裁判に対しては、即時抗告をすることができる（破252条5項）。不服申立てとしての即時抗告は、利害関係を有する者がすることができ（破9条）、免責不許可の決定に対しては申立人である破産者が、免責許可の決定に対しては破産債権者および破産管財人が、それぞれ即時抗告をすることができる。

裁判所は、免責不許可の決定をした場合は、直ちに裁判書を破産者に送達しなければならないところ（破252条4項）、破産者は、即時抗告するときは、その送達があった日から1週間の不変期間内にしなければならない（破13条、民訴332条）。裁判所は、免責許可の決定をした場合は、直ちに裁判書を破産者および破産管財人に、その決定の主文を記載した書面を破産債権者に、それぞれ送達しなければならないが（破252条3項）、破産債権者に対する送達に代え公告（破10条3項）がなされたときは、即時抗告の期間は、その公告が効力を生じた日から2週間である（破9条後段。最決平成12・7・26民集54巻6号1981頁参照）。

〖 *Answer* 〗

Case では、破産管財人からの指摘について、まずはXから正確な事実関係を聴き出す必要がある。例えば、パチンコ店からの案内葉書については、過去の一時期に通っていたときの記録が店側に残っていて、今でも案内葉書が届くにすぎないのであれば、Xの記憶に沿って、できるだけ具体的に、その過去に通った時期等を報告した上、申立代理人としては、今回破産に至った債務との関連性はなく、免責不許可事由（破252条1項4号）には当たらない旨の意見書等を、破産管財人に提出することになる。

他方、クレジットカードの利用明細については、未払残高が高額でその

経緯が不明であるような場合は、申立て前に、一定期間の利用明細の控え等を持参してもらい、チェックしておくのが望ましいが、控えを残していないケースも多いであろうし、そこまではチェックしきれない場合もあろう。破産管財人に、当該利用明細を提示してもらい、キャバクラやラウンジ等に行った頻度や各支払金額等を確認の上、Xの収入に見合わない支出であれば、免責不許可事由（破252条1項4号）に該当することにはなるが、裁量免責を受けられるように、Xがそうした店に行くようになった経緯、現在は通っていないこと、反省の弁、上記経緯をふまえて浪費しないための善処策や心がけ等について、できる限り具体的に検討して報告し、また申立代理人としての意見書等を、破産管財人に提出することになる。

　申立代理人としては、依頼者に対し、事実を述べ、破産管財人による調査等に誠実に協力することが最も大事であることを、都度説明し、理解してもらうことが肝要である。

第 3 章

民事再生手続

Ⅰ…申立ての準備

Ｃａｓｅ

　Ｘ株式会社はメーカーで、好況時に設備投資を行い、銀行借入が増加したが、近時の不況の影響、競争の激化により、売上が低下し、資金繰りがつかなくなった。

　7月1日時点で、同月25日の手形の支払資金を含む、7月末の支払の目途が立っていないが、申立て後に期限が到来する手形債務・取引債務や銀行に対する返済を止めれば、資金繰りが可能となる目処が立っている。また、法的倒産手続に入ったとしても、一定の受注は受けられ、自力再建の見込みがある。

・・・

ノボル：所長の顧問先のＸ社の社長さんが会社の債務整理で相談に来て、結局、民事再生手続申立てをする方針になりました。所長からぼくがメインで申立てを準備するように言われたんですけど、自力再建の見込みがありそうということだったし、会社の人に色々手伝ってもらえばなんとかなるかな、なんて思っています。

兄　弁：会社の倒産処理は情報管理が肝だよ。会社の人に手伝ってもらうっていうけど、申立てをすることが事前に知れ渡ってしまったら、うまくいくものもいかなくなるよ。

ノボル：あ！　確かに。社長とのやりとりも気をつけなきゃ。でも、申立てにあたって入手したり作成したりする書類の指示は完璧ですよ。

兄　弁：書類の準備の指示はいいけど、手続の概要や再生債務者の義務についてちゃんと説明したの？　それに、申立て直後はどうしても混乱するから、申立て後に必要な対応についても、申立て前に完璧に準備しておかないとうまくいくものもいかなくなるよ。どんなことが必要になると思う？

ノボル：……。段取りをもう一度確認しなきゃ！

┌─────────────────────────────────────┐

Ｃｈｅｃｋ Ｌｉｓｔ

□制度の趣旨、債務者の義務等について十分に説明を行ったか
　〔→ **1(1)**〕
□弁護士費用その他の費用について説明したか〔→ **1(1)**〕
□申立て準備に関与する者の範囲を確定したか〔→ **1(2)**〕
□申立て前後の準備事項とスケジュールを確認・共有したか
　〔→ **1(3)**〕
□申立て準備についての指示は適切か〔→ **2(1)**〕
□申立書・添付書類は取得・作成できたか〔→ **2(2)(3)**〕
□申立日の選択は適切か〔→ **3**〕
□申立て後の運転資金は確保できているか〔→ **3**〕
□保全処分申立ての準備はしたか（定型と異なる保全処分の申立
　ては必要ないか）〔→ **4**〕
□債権者説明会の準備は整っているか〔→ **5**〕
□裁判所との事前相談・事前協議（事前メモの送信）は行ったか
　〔→ **6**〕
□予納金・印紙・郵券の額、納付方法について確認したか〔→
　6〕

└─────────────────────────────────────┘

〔 解 説 〕

1　受任時の注意事項

(1)依頼者に対する説明　　民事再生手続申立てを相談する段階に至った債務者は、目先の資金ショート、債務のカット等に気をとられ、民事再生手続の概要・手続の流れや自らの立場・義務を十分に理解し

ないまま、依頼を希望することがある。依頼を受けた弁護士としては、受任に先立ち、民事再生手続の概要や手続の流れのみならず、再生債務者が法令を遵守すべきこと、債権者一般に対して公平誠実義務を負うこと（民再38条2項）について十分に、分かりやすく説明し、理解を得ておくべきである。

　また、弁護士報酬についても、適正妥当な額とする必要がある（弁護士報酬の決め方について、詳細は第1章VII）。その定め方には、着手金・報酬方式やこれに加え月次報酬を併用する方式等様々なパターンが考えられるが、弁護士報酬は依頼者の資金繰りにも影響を与えうるため、適正妥当か否かをより慎重に検討する必要がある。

　さらに、民事再生手続申立てにおいては、裁判所に納める予納金、印紙代、郵券の負担に加え、公認会計士等手続に関与する専門家の費用の負担が生じ得る。債権者説明会の開催にかかる費用も軽視できない。これらの費用についても、依頼者に対して十分説明を行い、資金繰り予定に組み込む必要がある。なお、着手金の支払を受ける場合には、民事再生手続申立て前に支払を受けておくことも重要である。

（2）情報の管理　混乱や資産の散逸等を防ぐため、民事再生手続申立てに関する情報の保持・管理を徹底する。この観点から、申立てを事前に知る者はできる限り少ないことが望ましい。申立ての準備を進めるにあたり、経営陣とのやりとりでは不十分なことも多く、経理担当者等社内の者を関与させざるを得ない場合が考えられるが、その者を関与させても情報管理の点から問題がないか吟味する。

　対外的な情報提供については、主要債権者に対しても原則として事前の情報提供は行わず、申立て後早い時期に報告を行うべきであるが、メインバンクへの説明・報告の時期については、事後でよいか、より慎重な検討が必要である。メインバンクに事前に何ら知らせずに申し立てた場合、その反発を招き、時として再生手続の進行にマイナスに働く要因となることがある。

　従業員に対する説明は、申立て直後に実施する。申立て直後に実施

できるよう、申立ての準備と並行して、従業員への具体的な告知のタイミング、方法、説明内容等について検討し、準備を進める必要がある。

(3)to do リストの作成とスケジュールの確認　　民事再生手続申立事件は、受任後、迅速な申立てが必要となる場合が多い。申立て後も、早急に処理・対応すべき事項が多く、その遅れは民事再生手続の成否を左右しかねない。

したがって、受任の段階で、to do リストを作成し、確実に処理するためのスケジュールを確保した上で準備を進めることが必要である。このリストを、担当弁護士と補助する弁護士、スタッフで共有することが有益である。

2　申立書等書類の準備

(1)依頼者に準備・作成を依頼する書類　　民事再生手続の申立てにあたっては、申立書以外に疎明資料として民事再生規則 14 条 1 項に規定する書類や資料を提出しなければならない。

依頼者において作成・準備することが容易な書類については、必要書類の一覧表を渡して依頼するのが効率的である。

また、ひな形があるものは先に交付することで転記の手間を省ける。準備済みのものから提供するよう指示すると作業が遅滞しない。資金繰り表および債権者一覧表の作成については後述のとおり。

(2)申立書作成にあたっての留意事項　　申立書（記載事項について、民再規 12 条 1 項・13 条 1 項・2 項）は、利害関係人の閲覧・謄写（民再 16 条）の対象となることから、記載内容に配慮する必要がある。閲覧・謄写の対象とすべきでない事項もしくは相当でないと判断した事項については、申立書ではなく裁判所・監督委員に対する事実上の説明用メモないし資料に記載することを検討すべきである。

(3)添付書類の準備に関する留意事項　　（a）債権者一覧表（民再規 14 条 1 項 3 号）　　債権者一覧表は、まずは債務者がひな形を使って

作成し、申立代理人弁護士はその提供を受けることになる。

　債務者は事業継続中であり、申立日当日の正確なデータを作成することは困難であるから、例えば、前月末日など一定の日を基準として作成することもやむを得ない（その場合「○月○日現在」と明記する）。

　別除権付債権者、リース料債権者、租税等債権者、従業員関係、一般債権者等に分けて記載する。同一債権者を、支店・営業所別に管理・登録している場合は、一債権者として名寄せする。

　作成にあたり債権者の名称・住所・電話番号ないしファックシミリ番号に漏れがないよう注意するのは当然であるが、他方、東京地裁では、個人情報保護の社会的要請等を考慮し、裁判所に提出する債権者一覧表では個人の債権者の電話番号およびファクシミリ番号を省略する運用としており注意が必要である（監督委員には、これらが記載された債権者一覧表を提出する）。

　また、誤って現在は債権者でない会社を記載したり、金額を誤って高額に記載したりすることがないよう注意する。

　(b)　貸借対照表および損益計算書（民再規14条1項5号）　それぞれ直近3決算期分を申立書の添付書面として提出する。大阪地裁では、時間的余裕がある場合には、3決算期分を1枚のシートにまとめた比較貸借対照表および比較損益計算書の提出が推奨されている。最終の決算期から3か月以上を経過している場合には、直近の試算表（貸借対照表および損益計算書）を添付したほうがよい。

　法令上は申立書の添付書類とされていないが、清算貸借対照表を作成して、申立書の添付書類とするのが一般的である。清算貸借対照表は、直前決算期における貸借対照表または直近の貸借対照試算表を基礎に作成する。

　(c)　資金繰り表（実績）および資金繰り表（予定）　申立て前1年間の月次の資金繰り表（実績）、②申立て後6か月の月次の資金繰り見込み表（予定）と申立て後2〜3か月間の日繰り表を準備する。どの範囲で添付が必要となるかは各裁判所の運用による。

資金繰り表は、単に再生手続開始申立書の添付書類として必要とされるのではなく、資金ショートのＸデーを見極め、再生手続の選択が可能かを判断する資料として極めて重要であるから、再生手続申立てを検討する場合には、速やかに作成に着手する必要がある。

　まずは、再生手続開始申立てを前提としない場合の資金繰り表を作成し、Ｘデーを見極めた上で、これを前提に申立予定日を確定し、申立てを行う場合の資金繰り表を作成する。さらに、申立てを行うことを前提に、申立て後３か月程度の日繰り表を作成し（東京地裁では日繰り表の提出は必須ではないが、大阪地裁では、原則として申立日以降３か月間（少なくとも１か月間）の日繰り表の提出が求められている）、申立て後の事業継続が可能か、二次破綻しないか等をチェックする。

　資金繰り表は、会計士の援助等を得ながら債務者が作成することが基本となる（日本公認会計士協会近畿会が作成した日繰り表を利用するのが便利である。同会のホームページからダウンロードすることができる。https://www.jicpa-knk.ne.jp/download/doc/minjisaisei_sikinguri.pdf）。もっとも、特に資金繰り表（予定）の作成にあたっては、再生手続開始の申立てに伴って生じ得る事態を的確に反映する必要があり、法的知識が必要であるから、申立代理人が適宜助言することが必要である。

　(d)　その他の添付書類　　民事再生規則14条に規定されているもののほか、「再生手続の円滑な進行を図る」（民再規14条の2）という観点から、債務者の事業内容等に関する書類として、会社のパンフレットやウェブサイトを印刷したもの、営業所・店舗・工場などの所在一覧表、組織図、株主名簿などを提出することが一般的である。再生計画案の基本方針との関係で、今後の事業計画書を提出する場合もある。債務者が法人である場合に、申立て直前の登記事項の変更について登記が完了しておらず、申立日に最新の登記事項証明書の提出ができないと、登記が完了するまで保全処分や監督命令の発令ができなくなるなど手続に支障を来す。申立日までに登記が完了するよう注意が必要である。

3 申立日の決定と資金繰りの確保

資金繰り表（実績）および資金繰り表（予定）を基に、いつ申立てを行うのが最適かを検討する。

民事再生手続を申し立てた場合、その後の取引について取引先から与信を受けることも、新規の資金調達も一般に期待できない。申立て後の事業継続には申立て時点で一定程度の資金が確保されていることが必要であるから、資金ショートのXデーのみならず、申立て後の運転資金の確保の面をふまえて申立日を決定する必要がある。申立日決定の考慮要素としては、この他に、時期による業務上の混乱の有無・大小、債権者・取引先への影響等が考えられる。

申立予定日が決定したら、金融機関の相殺により（民再92条1項）見込んでいた運転資金が確保できなくなる事態を回避するため、申立ての直前（あまり早く行うと情報管理の点から問題が生じ得る）に資金確保の手当てを講じる。

4 保全処分の検討

再生手続開始の申立てを行うと、これを知った債権者が、急遽回収等の行動に出ることが予想される。

実務においては、民事再生手続の申立てと同時に、弁済禁止等の保全処分（民再30条1項）を申し立てることが一般的である。東京地裁では、ほとんどの法人の再生手続開始申立事件で、再生債務者による再生手続開始の申立てと同時に保全処分の申立てがされており、申立てが濫用である疑いが明らかな場合を除いて、原則として、予納金の納付を受けた上で、再生手続開始の申立て直後の裁判所、再生債務者、監督委員を交えた進行協議期日の時に保全処分を発令する運用としている。東京地裁が定型としている保全処分は再生事件連絡メモ（法人・個人兼用）のとおりであるが、定型と異なる弁済等禁止の保全処分が必要か、また、事案によって、他の手続の中止命令その他の保全処分（民再26条・27条・30条など）が必要かについて検討する必要が

ある。

　いわゆる少額債権を弁済禁止の対象外とすることを希望する場合には、申立て時のみならず再生計画の履行時において少額債権を支払っても資金繰りに支障を来さないか、十分に検討する必要がある（なお、東京地裁の定型的な保全処分の決定では 10 万円以下の債務を弁済禁止の対象外としている）。

　定型外の保全処分を申し立てる場合、裁判所と事前協議等を行うことが重要である。保全処分を申し立てる場合には、保全申立書および委任状を用意する。

　また、保全処分の発令後、迅速かつ確実に周知されるよう、あらかじめ、通知先、連絡方法等を確認し、通知の準備を済ませることが必要である。

　なお、再生手続開始申立ての受理の当日に監督命令が発令され、重要財産の処分および借財等が同意事項として指定される実務との関係で（民再 54 条）、処分禁止、借財禁止の保全処分は通常必要がないものとして発令されない。

5　債権者説明会の準備

　債権者説明会の開催時期は規則上特段定められていない（民再規 61条）が、実務上、再生手続開始申立て直後に開催している。このため、申立て準備と並行して、日程と会場の確保、当日の進行の準備等債権者説明会の開催準備も進める必要がある。

　会場は，終了時間をコントロールできるように社内の会議室等ではなく、外部に確保する。出席者数に対して会場が狭いと圧迫的な雰囲気となり、円滑な進行を害しかねないことから、少なくとも債権者数の 2 倍から 3 倍程度の収容人数のある会場を選ぶのが安全である。秘密保持の観点から、会場は申立代理人名で予約し、会議内容も追って連絡する等情報漏れを防ぐ配慮をする。念のためキャンセル料の発生時期や金額も確認しておくのがよい。

再生債務者が、本店所在地以外にも各地に支店等を有し、各地に債権者が相当数いるような場合には、各支店等のある場所において開催することも検討する。

　説明会当日の進行や説明内容の実質面のみならず、会場の配置、座席の数、説明資料の準備部数等の形式面についても周到に準備しておく必要がある。

6　裁判所への連絡・事前協議

　民事再生手続の申立てに先立って、申立てを予定する裁判所への連絡・事前協議を行う。その方法については、裁判所によって運用が異なるため（東京地裁では連絡メモ方式が採用され、大阪地裁では事前相談方式が採用されている）、申立てを予定する裁判所の運用を確認しておく。

　裁判所は、事前協議等により保全処分の要否や事案に適した監督委員の選任を検討することになるから、事前協議等にあたっては、債務者の事業内容、負債総額、債権者のそれぞれに関する事項、再生申立てに至った主な原因、当面の資金繰り、再生スキーム等について、適切に伝えられるよう事前に準備する（東京地裁における担当書記官による申立て時の主な聴取事項について、民事再生の運用指針 65〜66 頁に掲載された「申立て時の聴取事項一覧表」に記載がある）。

　再生手続開始申立てに際して申し立てる保全処分についても、事前協議等の段階から相談・協議しておくべきである。東京地裁は、申立日と同日に保全処分の発令を希望する場合の段取りと必要書類を「通常の民事再生事件申立要領」で明らかにしている。

　また、この段階で、予納金その他裁判所に納めるべき費用および納付方法についても確認し、申立て当日に手間取ることのないようにすべきである。

〔 *Answer* 〕

Case では、X 社の再生手続開始申立日は、手形の支払日である 7 月 25 日の前日 24 日か、これより前の X 社の資金が最大化すると見込まれる日となろう。それまでに、申立ての準備を確実に進めるとともに、債権者対応、従業員向け説明、債権者説明会の実施等申立て後の段取りを細かく整えておく必要がある。

◀ コラム ▶ 民事再生事件の動向

通常再生事件の申立件数（全国）は、民事再生法の施行（2000 年 4 月）後である 2001 年の 1110 件がピークであり、2008 年以降、減少が続いた。

2017 年の通常再生事件申立件数は、それまでで最も少ない 140 件であり、この年の既済は 179 件、未済は 278 件である。最も申立件数の多いのは東京地裁の 42 件であり、全国に占める割合は 3 割に上る。他は、高裁管内の単位でみても、大阪高裁管内が新受 24 件、名古屋高裁管内が新受 15 件である他は、いずれも一桁の件数である（最高裁判所司法統計）。

通常再生事件の東京地裁に対する申立件数の全国の申立件数に占める割合は、2000 年以降、現在に至るまで、おおむね 3 割ないし 4 割と変わっておらず、全国的に申立件数が減少している傾向が読み取れる。

もっとも、上記のように通常再生事件の申立てが集中している東京地裁における 2019 年上半期の申立件数は 2018 年の同時期を上回っているようであり、利用の増加傾向が窺われる。

民事再生法は、その立法段階においては、中小企業の倒産事件が激増している経済状況を背景に、中小企業や個人事業者、さらには会社更正手続を利用することができない株式会社以外の法人にとって利用しやすい再建型手続として構想された（深山卓也ほか『一問一答民事再生法』（商事法務研究会、2000 年）3 頁以下参照）。

もっとも、これまでに申し立てられた通常民事再生事件を負債額別にみると、負債額1億円未満の企業から1兆円を超える企業まで利用されており、資本金の額でみても、1000万円以下から1000億円以上に上るものまである（山本和彦=山本研編『民事再生法の実証的研究』（商事法務、2014年））。

　このように、通常再生手続は、必ずしも中小企業の利用にとどまらず、企業の規模を問わず幅広く利用されている。

　利用件数は長く減少傾向にあったものの、再建型手続の基本的な手続として、当然押さえておくべきであるといえよう。

（中村美智子）

II…申立てから開始決定まで

Case

　家電部品製造業を営む X 株式会社は、7 月 24 日に、A 弁護士を申立代理人として、東京地方裁判所に民事再生手続開始の申立ておよび保全処分の申立てを行い、同日中に保全処分および監督命令が発令された。債権者説明会の日取りは、7 月 29 日に決まった。

　X 社のメインバンクは Y 銀行、主要な取引先は家電メーカー Z 社、材料の供給を受けている仕入先は 10 社ある。公租公課の滞納はない。X 社の従業員は 20 名である。X 社の民事再生手続申立てを事前に知るのは、A 弁護士に加え、X 社取締役と同社の経理担当者のみである。

　X 社が家電部品を製造するには、B 社から継続的に部品の供給を受けることが不可欠であり、X 社は、民事再生手続申立て後も、B 社から部品の供給を受ける予定である。

• • •

兄　弁：あれ、今日は X 社の民事再生手続申立ての日だったよね。なんで事務所にいるの？

ノボル：X 社の民事再生手続申立てをして、無事に、保全処分と監督命令が出ました。ボスは社長と一緒にメインバンクの Y 銀行と主要な取引先の Z 社をお詫びと説明のために訪問していますが、僕は、手が空いたので今事務所に戻ってきたところです。

兄　弁：念のため聞くけど、X 社が民事再生手続申立てをしたことや保全命令が出たことは、他に伝えるべきところにきちんと伝わってる？

ノボル：それなら、申立てをしたことと保全処分・監督命令が出たこと、債権者

説明会の開催について、債権者にも得意先にもすばやく伝えるよう社長に指示してあります。

兄　弁：その指示どおりにできているのか確認しないと。万が一にも保全処分違反の事態が起きたりしたら大変だよ。

　　　　それから、従業員に対しても、民事再生申立てをしたことと、手続の概要や必要事項はきちんと伝えたの？　申立て後の対応について従業員はきちんと理解できているのかな。

ノボル：社長が話をする際に同席して、私からも説明してきました。申立て後の対応については事前に詳細なマニュアルを作って置いてあるので大丈夫だと思います。

兄　弁：大丈夫だと思うって言うけど、初動の対応が肝心だよ。申立て直後の現場は保全が必要だったり、債権者が押しかけて来たりしてどうしても混乱するものだから、少なくとも今日は会社に詰める必要があると思うよ。

ノボル：今から行ってきます！

兄　弁：ちょっと待って。債権者説明会は5日後だよね、その準備とその後の対応も大丈夫？　債権者説明会を開催するってことは、その日のうちに、第1回打合せを行って、その際、監督委員から開始に関する意見を聞いて、開始相当の意見であれば、直ちに再生手続開始決定がなされることも十分考えられるよ。

ノボル：債権者説明会の準備は済ませて、社長とも段取りを確認しています。債権者説明会の役割分担や進め方はマニュアルを作っていますし、配布資料も用意済みです。

兄　弁：そこは大丈夫そうだけど、共益債権化の承認の申請はしたの？　X社は、申立て後も仕入れを継続する必要があるって話じゃなかった？　共益債権化の承認は、開始決定前に行う必要があるから、時間的に厳しいとしても確実に行っておく必要があるよ。

ノボル：できる範囲で準備はしていたのですが、申請はまだでした！

Check List

☐申立書および添付資料はそろっているか〔→ **1**〕

☐予納金の納付準備はできているか〔→ **1**〕

☐会社代表者・申立代理人・従業員等の申立て後の動きはそれ
ぞれ確定しているか〔→ **1**〕

☐債権者・得意先に対し、民事再生申立て、保全処分・監督命
令発令に伴う各種連絡文を発送したか〔→ **1**、**3(1)(2)**〕

☐金融機関の相殺に対する対応はすませたか〔→ **1**、**3(1)**〕

☐従業員に対する説明は行ったか〔→ **2(1)(2)**〕

☐従業員の対応マニュアルは用意できているか〔→ **2(1)**〕

☐債権者に対する説明を行ったか〔→ **3(2)**〕

☐得意先に対する説明を行ったか〔→ **3(2)**〕

☐債権者説明会の準備は整っているか〔→ **3(3)**〕

☐債権者説明会後、議事録を作成し、裁判所に報告したか〔→
3(3)〕

☐監督命令の内容は検討したか〔→ **4**〕

☐共益債権化の承認申請をしたか〔→ **5**〕

☐再生債務者は、再生手続開始決定時から公平誠実義務を負う
ことを理解しているか〔→ **6**〕

〔 解 説 〕

1 申立て当日の動き

　民事再生手続申立て当日は、あらかじめシミュレーションした動き
のとおり、申立ておよび予納金の納付を行う。予納金を納付すると、
東京地裁では、監督委員との顔合わせのための進行協議期日が開催さ
れ、その際、保全処分および監督命令が発令されるのが通例である。

上記各裁判書を受領したら、後記3のとおり、必要に応じて、債権者や得意先に対してファックス・郵送して通知し、債務者の営業所・事務所を訪問した債権者や得意先に交付するなどして知らせる。金融機関に対しては、再生手続開始の申立てを行ったこと、民事再生法93条に基づく相殺禁止および保全処分の発令に基づく各種引落し等の禁止について、できる限り速やかに連絡する。

　これらに先立ちあるいは同時並行して、後記2のとおり、従業員に対する民事再生申立ての告知・説明を行う。

　民事再生手続開始の申立てや弁済禁止等の保全処分により、各方面からの問合せが再生債務者や申立代理人のもとに殺到し、中には、再生債務者の営業所・工場等に押しかけ、債権の回収や商品の持ち出しを試みようとする者が出ることも予想される。これに対しては、施錠等の対応をとるとともに、必要に応じて警告書等の掲示を行う。営業所、工場等が複数あるときは、それぞれに弁護士を配置して資産保全・混乱防止のための対応にあたる場合もある。

2　従業員に対する説明・対応

(1)従業員に対する告知・説明の実施　　従業員に対する告知・説明は、情報管理の観点から、申立て前ではなく、申立て直後に行うのが通常である。会社側より先に外部から再生手続開始申立ての事実を知らされては、従業員の動揺がいたずらに広がりかねないから、申立て直後に、できる限り速やかに行うべきである。

　従業員に対する告知・説明においては、会社代表者など会社幹部から従業員に対して、再生手続開始の申立てに至ったことを知らせ、経過・事情の説明を行い、続いて、申立代理人弁護士から説明を行う。ここでは、再生手続の概要・スケジュール、申立代理人の立場、労働債権の取扱いを含む従業員の立場・雇用、今後の対外的対応における注意等を伝える。突然の知らせであっても内容を十分に理解できるよう、従業員向け説明文書をあらかじめ用意し、告知・説明の際に配布

するのがよい。告知・説明の際は、外部に情報が漏れないよう、通信機器の使用を禁止するのが無難である。

　従業員は、自らが説明を受けた直後から、債権者・得意先等からの問い合せ等に対応することになるため、あらかじめ従業員用の対応マニュアルを用意する。また、対応がわからない場合や悩ましい場合は、申立代理人に確認することを徹底するよう伝える。支払担当部署に対しては、保全処分違反が生じないようその周知を徹底し、自動引落しでうっかり弁済することなどのないよう注意する。

（2）労働組合への対応　　再生手続開始の申立てについての決定をするに際して、裁判所から労働組合、従業員の過半数を代表する者に対して意見の聴取が行われる（民再 24 条の 2）。東京地裁では、監督委員を通じて行う運用をしている。

3　債権者等関係者への通知・説明

（1）弁済禁止の保全処分等の通知　　弁済禁止の保全処分や監督命令が発令された場合、直ちに再生債権者に対してこれらの書面の写しを送付する必要がある。これらの書面の送付に際して、再生手続開始申立てをしたことおよび申立てに至る簡単な経緯を記載した通知文および債権者説明会の案内文を同封するのが一般的である。各発令があったことを直ちに周知させる方法としては、ファックス送信が利用されている。

　大口の債権者に対しては、その意向が再生計画案の可決に大きく影響し、協力を得ることが不可欠であるから、申立代理人が会社代表者とともに直接訪問した上で、説明を行うことが多い。メインバンクについては、申立て後、できる限り早期に訪問する。この際、申立書の写しの交付を求められることもあるため、あらかじめ用意しておく。

　債務者が手形を振り出していた場合には、弁済禁止の保全処分が発令されると、債務者はこの保全処分により手形の決済ができなくなるため、手形取扱銀行に対してその事実を直ちに通知し、0 号不渡り

（裁判所の命令による弁済禁止扱い）として処理するよう要請する。

　公租公課の滞納がある場合、できる限り申立て当日に徴収権者と面会して申立ての事実を説明し、分割払い等の交渉を行うべきである。

（2）得意先への説明　　得意先との取引の継続は、申立て後も事業を継続するために極めて重要である。民事再生手続を申し立てた事実を書面で通知するとともに、特に主要取引先に対しては、申立て後、できるかぎり速やかに訪問して謝罪と説明を行い、取引継続を要請すべきである。

（3）債権者説明会　　再生債務者は、債権者説明会を開催し、債権者に対して、再生債務者の業務および財産に関する状況や再生手続の進行に関する事項について説明することができる（民再規61条1項）。債権者説明会の開催は義務付けられていないが、申立て直後の債権者に対する情報提供が効率的にできることや、監督委員がオブザーバーとして出席し、手続開始要件（民再21条・25条）の存否についての意見形成の判断材料にすることが想定されており、実施するのが通例である。

　債権者説明会においては、申立代理人が司会・進行を務めることが多い。申立て直後の債権者説明会においては、出席者の紹介、再生債務者代表者からのお詫びの表明の後、申立代理人からの説明、質疑応答を行うという流れが考えられる。申立代理人は、申立てに至る経緯について説明する他、再生手続の一般的説明、再生の方向性や見通し、今後の取引条件、監督委員の役割等について説明を行う。当日の配布資料としては、保全処分決定写し、監督命令決定写し、民事再生手続の手続説明書、スケジュール表等が考えられる。

　債権者説明会の終了後、直ちに議事録の要旨を作成し、裁判所に報告する（民再規61条2項）。議事録を正確に作成するため、質問をした債権者名および質問内容は漏らさず確認する。録音媒体を用いて記録を残しておくことも多い。

4　監督命令への対応

　監督命令が発令されると、再生債務者は、同命令によって指定された行為（要同意行為）については、書面によって監督委員の同意を得なければ、することができなくなる（民再54条2項・4項、民再規21条1項）。監督委員の同意を得ずに要同意行為をすると、再生手続廃止事由に該当する（民再193条1項2号）。各裁判所によって、監督命令の標準的な内容が異なることに注意が必要である。申立代理人は、個別具体的な行為が要同意行為に当たるか否かについて、監督命令の主文を参照しつつ、あらかじめ監督委員と協議をしておく。加えて、申立代理人は、再生債務者代表者やその従業員が要同意行為を監督委員の同意を得ずに行うことがないよう丁寧に説明し、理解を得ておく必要がある。

5　共益債権化の承認

　再生手続開始前の原因に基づいて発生した再生債務者に対する請求権は原則として再生債権であるが（民再84条）、再生手続開始の申立て後再生手続開始決定までに行った、資金の借入れ、原材料の購入その他再生債務者の「事業の継続に欠くことができない行為」によって生ずべき相手方の請求権については、裁判所の許可、または、裁判所から許可に代わる承認の権限の付与を受けた監督委員の承認を得ることによって、共益債権とすることができる（民再120条1項・2項）。東京地裁では、再生債務者申立事件の場合は、原則として全件について、監督委員を選任しており、全件で監督委員にこの承認権限を付与している。

　共益債権化の承認申請が必要な場合にこれを失念しないことは当然として、開始決定までの間になされなければならず迅速性が要求されるため、申立て前からできる範囲で準備するようにする。

　監督委員の共益債権化の承認は、事前に、かつ、個別に、書面でされることが建前となっている（民再120条、民再規21条1項）が、東

京地裁では、事前に書面を準備する余裕がない場合には、例外的にあらかじめ監督委員が口頭で承認し、後に書面を追完する方法を認めている。

6 開始決定

裁判所は、民事再生法21条に規定する要件を満たす再生手続開始の申立てがあった場合には、同法25条の規定によりこれを棄却する場合を除き、再生手続開始の決定をする（民再33条1項）。

再生手続開始決定は、その決定の「時」から効力を生ずる（民再33条2項）。これにより、再生債務者は、公平誠実義務を負う民事再生手続の一機関となるのであり、再生債務者代理人の立場にも変化が生じる（詳細は、本章 III）。

【 *Answer* 】

Case では、X 社について、民事再生申立てがなされ、保全処分・監督命令が発令されており、債権者・得意先に対し、できる限り速やかにその事実を伝える必要がある。特に、メインバンクである Y 銀行に対しては、申立て前に事情を説明していたとしても、申立て後、X 社代表者とともに申立代理人ができるかぎり早期に Y 銀行を直接訪問してお詫びをした上で、保全処分等について必要な説明を行い、再生手続に対する協力を求める。

従業員に対する説明も、申立て直後できるかぎり速やかに行う。申立て直後に、債権者等からの問い合わせの矢面に立つのは従業員であり、従業員が誤った説明・対応をすることのないよう初動の対応を丁寧に説明することが重要である。

現場保全を図り、社内の混乱を回避するためにも、申立て当日は、申立代理人ないしあらかじめ手配しておいた弁護士が、会社に詰めることが望ましい。

債権者説明会をいかに乗り切るかが、民事再生申立事件の序盤の一つの山といえる。申立代理人としては、当日の役割分担、段取り等について周到な準備をして臨む必要がある。当日の会場における会社代表者、従業員

の対応の適否は債権者に与える影響を左右することから、債権者説明会において役割のある者に対しては、その立ち居振る舞いについても助言をしておくべきである。

開始決定前に、B 社からの申立て後の仕入債務について共益債権化の承認を得ることを失念しないようにする。

III …民事再生手続中の役割

Case

　水産加工業を営む X 株式会社について、A 弁護士が申立代理人となって民事再生手続申立てを行ったところ、その日のうちに、保全処分および監督命令が発令された。その後開催された債権者説明会の直後、裁判所において第 1 回打合せが行われ、監督委員から開始相当の意見が出され、直ちに X 社について民事再生手続開始決定がなされた。

　X 社の代表者 B は、仕入先の C 社の社長に多大な恩義があることを理由に、C 社にだけは買掛債務を全額支払ってしまいたいと考えている。

・・・

ノボル：無事、再生手続開始決定が出ました。社長も会社一丸となって頑張ると言っているし、従業員の方々の協力も期待できそうです。民事再生は、DIP 型ですし、あとは基本的に会社の方々にお任せしようかと思っています。

兄　弁：民事再生手続がいくら DIP 型といっても、再生債務者が法律の専門家の助言なしに債権調査や財産評定、再生計画案を立案することは無理じゃないかな。再生債務者代理人は、公平誠実義務を負う再生債務者の代理人として、主導的に民事再生手続に関与していくという心構えが必要だよ。

ノボル：ご指摘のとおりです。再生債務者の義務といえば気になっている点があるんです。再生債務者の代表者が、恩義のある会社に対してだけは弁済したいって言っているんです。もし弁済されちゃったらどうしようかと思って。弁護士には守秘義務があるから、もしそうなっても報告しなく

てもいいんでしょうか。

兄　弁：守秘義務を考えるのも大事だけど、その前にやることがあるんじゃない
　　　　かな。その代表者は、その再生債権を弁済しても無効で、不当利得返還
　　　　請求の対象になって、結局「恩義のある会社」のためにはならないこと
　　　　を理解していないと思うよ。

　　　　もう一度、公平誠実義務をはじめとする再生債務者の義務や民事再生手
　　　　続中に禁止される行為、違反した場合のペナルティについて、きちんと
　　　　説明して、理解してもらう必要がありそうだね。

ノボル：さっそく代表者と話をしてみます。

Check List

□再生債務者の立場・義務を理解しているか［→ 1］

□再生債務者代理人の立場と義務・責務を理解しているか［→ 2］

□再生債務者代理人の役割を理解しているか［→ 3］

□再生債務者代理人が主導的関与をして手続を進めているか ［→ 3］

□守秘義務の重要性を理解しているか［→ 4］

□再生債務者に報告義務違反はないか［→ 4］

□再生債務者代理人に報告義務違反はないか［→ 4］

□利益相反の問題はないか［→ 5］

［ 解説 ］

1　再生債務者の立場・義務

　民事再生手続は DIP（Debtor In Possession）型の手続であり、再生債務者は、再生手続開始後も、原則として、業務執行権や財産管理処分

権を失わないが（民再38条1項）、他方で、民事再生手続開始決定後、再生債務者は、再生手続上の様々な職務を担い、自ら主体となって手続を追行することになる。このように、再生手続開始決定によって、再生債務者には再生手続の機関として総債権者の利益を代表する性格が与えられている。

　再生債務者が民事再生手続を追行する上で、自らの利益のみを図って行動することは許されず、再生手続開始後は、再生債務者は、債権者に対し、公平かつ誠実に、これらの権利を行使し、かつ、再生手続を遂行する義務を負う（民再38条2項）。再生債務者は、再生手続の円滑な進行に努めなければならず（民再規1条1項）、再生手続の進行に関する重要な事項を、再生債権者に周知させるように努めなければならない（同条2項）のも、再生債務者が負う公平誠実義務を手続進行上に反映させたものといえる。

　公平誠実義務違反が同時に民事再生法193条1項所定の義務違反行為にも該当する場合には再生手続廃止の事由となり、また、再生債務者が法人であり、公平誠実義務違反の程度が重大である場合には、管理命令（民再64条1項）が発令される可能性がある等、義務違反の効果は重大である。

2　再生債務者代理人の立場と義務・責務

　再生債務者代理人は、再生債務者との委任（民643条）ないし準委任（民656条）に基づく受任者として善管注意義務を負うとともに、公平誠実義務を負う再生債務者の代理人として、債権者に対して公平かつ誠実に代理人としての職務を追行する義務を負うと考えられる。

　民事再生法上定められた再生債務者の代理人の義務として、監督委員の調査に対する説明義務があり（民再59条1項2号）、これに違反した場合の罰則も定められている（民再258条1項・2項）。

　再生債務者代理人は、弁護士として職務に従事することになる以上、弁護士職務基本規程7条による研鑽義務を負っている。

民事再生手続の追行には、3 で述べるとおり再生債務者代理人の主導的な関与が不可欠であるところ、再生債務者代理人の力量不足で手続が遅延したり、手続処理の問題が生じたりすることが万が一にもないよう、研鑽を積む必要がある。

3　再生債務者代理人が果たすべき役割

(1)再生債務者代理人による主導的関与　　民事再生手続は DIP 型手続であり、再生債務者は業務活動の継続と併せて、債権調査（民再100 条・101 条）、財産評定（民再 124 条）、財産状況の報告（民再 125条）、再生計画案の作成・提出（民再 163 条 1 項、民再規 57 条）、再生計画の遂行（民再 186 条）等の職務を担う。公平誠実義務を果たしながら再生手続を追行するには専門的で高度な知見・技能と経験が不可欠であり、実際には、手続の多くは再生債務者代理人の弁護士によって行われる。

　再生債務者代理人としては、再生債務者に対して、折にふれ、民事再生手続開始後は再生手続の機関として総債権者の利益を代表する性格が与えられており、公平誠実義務を負っていることを自覚させ、それに沿った行動をとるよう指導するとともに、民事再生手続の追行において主導的に関与していく必要がある。

(2)裁判例　　監督命令発令後に、再生債務者が監督委員の同意を得ることなく借入し、また、一部の債権者に対して弁済を行い、再生手続が廃止された事例もある（大阪地決平成 13・6・20 金法 1641 号 40 頁）。

　上記事例においては、「民事再生手続は高度に専門的で複雑な手続であり、再生債務者ひとりでは、自らに課された公平誠実義務を履行し、手続を円滑に進める（民事再生法 38 条、民事再生規則 1 条 1 項）ことは困難であるといわざるを得ず、その意味で代理人の役割が極めて重要であることはいうまでもない。ところが、本件における再生債務者代理人は、再生手続における代理人の職責を十分理解していたとはいい難く、提出された財産目録、報告書、再生計画案等の内容からし

て、手続の追行を再生債務者に任せきりにしていた感が否めない」との指摘がなされている。

4　守秘義務に関する留意点

(1)125 条報告書　　再生債務者は、再生手続開始後遅滞なく、再生債務者の業務および財産に関する経過および現状、法人である再生債務者の役員の財産に対する保全処分または役員に対する損害賠償の査定の裁判を必要とする事項などを記載した報告書を裁判所に提出しなければならない（民再 125 条）。これにより、再生債務者自身は、自ら行った否認対象行為や損害賠償対象行為についても裁判所に報告する義務があることになる。

　再生債務者代理人としては、申立て準備の段階ですべての否認対象行為や損害賠償対象行為を把握することは困難であるとしても、後日発覚するような事態を避けるべく、早めの段階から意識的に事情聴取や確認に努めるべきである。

　ここで、再生債務者代理人が、本人の意思に反しても裁判所に報告する義務を負うか否かについては、民事再生法の重要な原則である再生債務者の公平誠実義務と弁護士の秘密保持義務（弁護士法 23 条、弁護士職務基本規程 23 条）が対立し得る極めて困難な問題である。

　この点については、弁護士の秘密保持義務の観点から本人の意思に反してまでの報告義務はないとの見解もありうる一方、再生債務者代理人も手続開始後は手続機関としての再生債務者の代理人として報告義務があるとの見解（破産法・民事再生法〔第 4 版〕861 頁、民事再生の手引〔第 2 版〕137 頁）や、再生債務者代理人としては、本人の意思に反して積極的に秘密を告知すべきではなく、開示について再生債務者を説得すべきであり、その説得ができない場合は辞任もやむを得ないと考えるのが相当であるとする見解（門口正人ほか編『新・裁判実務大系（21）会社更生法・民事再生法』（青林書院、2004 年）326 頁〔小林信明〕）がある。

いずれの見解に立つにせよ、弁護士の守秘義務について、近時監視の目が厳しくなっていることを自覚する必要がある。

（2）再生債務者代理人の監督委員に対する説明義務　再生債務者代理人の監督委員に対する説明義務（民再59条）と守秘義務の関係については、弁護士である代理人には、秘密を守ることによる利益と説明によって得られる司法上の利益とを比較考量し、前者が優越する場合は、守秘義務を優先させ説明を拒絶しても正当業務行為ゆえに違法性がなく、具体的には、保全処分違反のような明白な違法行為でない限り、説明を拒絶しても違法ではないとする見解があり（山本和彦ほか編『Q & A民事再生法〔第2版〕』（有斐閣、2006年）119頁〔長谷川宅司〕）、これが有力である（倒産処理と弁護士倫理237頁）。

　再生債務者が監督委員に対する報告を拒み、再生債務者代理人にも同様の対応を求めるような場合、再生債務者代理人としては、まずは、報告義務の内容および義務違反のペナルティについて十分に説明し、報告の求めに応じるよう説得を試みるべきである。

5　利益相反に関する留意点

　民事再生手続中も利益相反（弁護士法25条、弁護士職務基本規程27条・28条）には注意が必要である。中小企業が依頼者の場合、企業と経営者が同視されるような場合も多いが、民事再生手続は、再生債務者である法人の事業または経済生活の再生を図ることを目的とするものであり（民再1条）、必ずしも再生債務者の経営者を救うものではない。再生債務者代理人は、自己の立場を常に意識する必要がある。

　再生債務者が法人の場合、その役員に対する損害賠償請求権の査定の申立て（民再143条）をしなければならない場合があるが、この場合に申立代理人が相手方たる役員の代理人になることは双方代理として許されない（民108条、弁護士法25条1号、弁護士職務基本規程27条2号）。

　上記の例のみならず、民事再生手続においては、再生債務者の会社

関係者、債権者、担保権者、スポンサー候補など多くの関係者が登場
することが予定されており、利益相反には常に気を配る必要がある。

【 *Answer* 】

　再生手続は、再生債務者が主体となるものであるが、再生債務者が独力
で進めるには専門的かつ複雑な手続であり、法律専門家である再生債務者
代理人の役割は極めて重要である。再生債務者代理人は、再生債務者に民
事再生手続の追行を任せきりにするのではなく、主導的に手続に関与して
いくことが求められている。

　再生手続の追行において、再生債務者代理人に求められる力量の程度は
高い。再生手続の成否ひいては再建の成否は、その手腕にかかっていると
いっても過言ではないとの評価もあるところである。

　したがって、再生手続に不慣れな場合は、これに長けた先輩弁護士に助
言や助力を求めることをためらうべきではない。

　Case では、X 社の代表者は、再生手続開始後も、仕入先 B 社に対する
支払を希望している。A 弁護士としては、再生手続開始決定の弁済禁止効
（民再 85 条 1 項）により、仕入先 B 社に対する支払は禁止されていること、
仮に弁済を行っても無効であり、不当利得返還の対象になること、公平誠
実義務に違反する行為であり、その違反の程度によっては管理命令（民再
64 条 1 項）が発令されることもありうること、さらに、場合によっては
再生手続廃止事由（民再 193 条 1 項）にも該当することを丁寧に説明し、
納得を得る必要がある。

IV…事業譲渡を行う場合の注意点

> ## Case
>
> 　縫製業を営むX株式会社の代表者Aは、民事再生手続申立てを希望して、B弁護士に相談をした。X社は、年商1億円、負債6000万円であり、主要債権者として、Y銀行およびZ銀行がいるほか、リース料債務、その他取引債務がある。X社の従業員はいずれも高い縫製技術を有している。X社の本社兼工場である不動産には、Y銀行およびZ銀行が借入金の担保のために根抵当権を設定している。また、リース料債務は、X社が事業で使っていた特殊ミシンに係るものである。Aは、B弁護士に、事業継続が可能であれば自力再建にはこだわらず、事業譲渡による事業の承継を希望するスポンサー候補C社がいることを伝えた。

• • •

ノボル：今度、民事再生申立事件を受任することになったんですけど、依頼者の社長が事業譲渡先に心当たりがあるって言っているんです。探さなくてもスポンサー候補がいるなんて、もう大船に乗った気分です。手続を迅速に進めるためにも、とにかくその候補に会いに行こうかと思っています。

姉　弁：ちょっと待って。不用意に動き回ると、民事再生申立て予定だってことが外部に漏れる可能性があるんじゃないかな。債務者の信用が毀損されてしまったら、申立て後の事業の再生にも支障が出かねないわ。

ノボル：そうでした。信用情報の漏洩には注意しないといけませんね。

姉　弁：それから、いうまでもなく、その候補が最適なスポンサーかどうか吟味して、スポンサー選定過程の合理性を確保するよう意識する必要がある

わね。十分留意して選定して、申立て前に支援の基本合意の形成に漕ぎ
つけても、開始後にその合意内容が維持されるかはわからないし、当然
にスポンサーとして扱われるわけでもないし。今後スポンサー候補と協
議していくとしても、そのことを再生債務者にもスポンサー候補にもき
ちんと説明しておくことも大切よ。

今回は事業譲渡のスキームを念頭においているみたいだけど、再生計画
による事業譲渡でいいのかしら。

ノボル：再生計画認可決定を待っていては、事業価値が劣化し、弁済率が下落す
ると見込まれるので、再生計画外を考えています。

姉　弁：他の場面でも言えることだけど、裁判所によって具体的な手続進行等の
運用が違っていることがあるから、まずは、申立先の裁判所の運用を確
認する必要があるわ。その上で、再生のスキームについて、監督委員と
よく連絡をとりあって、進めていかないとね。事業譲渡許可を得ること
は当然として、別除権の目的物の受戻しや雇用関係の調整など段取りよ
く進めていかなければならない手続がたくさんあるわ。ひとつひとつ確
実にこなしていく必要があるからがんばって。

Check List

□受任前に再生スキームについて検討したか［→ 1］
□スポンサー候補の有無について債務者から聴取したか［→ 2］
□申立て前にスポンサー候補と接触・協議するのが妥当な事案
　か［→ 2(1)(2)］
□スポンサー候補との間で秘密保持に関する誓約書を交わした
　か［→ 2(2)］
□申立て前のスポンサー支援に関する契約締結の当否について
　検討したか［→ 2(3)］
□申立書に、事業譲渡による再生スキームを選択する予定であ
　る旨記載したか［→ 2(4)］

□事業譲渡による再生スキームを進めるについて監督委員と意見交換を行ったか［→ 2(4)、3］

□計画外事業譲渡の必要性が認められるか［→ 4(1)(2)］

□スポンサーの選定過程の公正さ、譲渡代金や譲渡条件の相当性をいずれも満たすか［→ 4(2)］

□事業譲渡契約の締結について監督委員の同意を得たか［→ 4(3)］

□事業譲渡の許可（民再 42 条）の要件は満たしているか［→ 4(2)］

□債権者に対する情報提供（債権者説明会）は行ったか［→ 4(4)］

□事業譲渡について株主総会の特別決議による承認または裁判所の代替許可を得たか［→ 4(3)］

□別除権協定の締結は必要か［→ 4(5)］

□別除権協定の締結に至らない場合、担保権消滅請求の申立てを検討したか［→ 4(5)］

□労働契約の処理は済んでいるか［→ 4(5)］

［ 解説 ］

1 再生のスキーム

　再生手続において事業の再生を図るスキームは，大きくは，収益弁済による自主再建型とスポンサー型に分けられる。スポンサー型には、さらに、自己株式を取得してこれを消却し資本を減少させてスポンサーに株式を引き受けてもらう方法（増減資型）や、事業譲渡または会社分割を行って事業内容をスポンサー等に移転し、その譲渡代金等をもって弁済を行う方法（事業譲渡型または会社分割型）がある。

　各スキームにはメリット・デメリットがあり、また、個々の事案に

よって、重視すべき事情は異なることから、再生債務者の経営陣の意向や会計士などの専門家の意見もふまえつつ、最適なスキームを検討する。

2 申立て準備段階で具体的なスポンサー候補がいる場合

(1)プレパッケージ型を予定する場合の留意点　再生手続開始の申立てに先立って、再生債務者がスポンサーを選定し、スポンサー契約等を締結した上で再生手続開始の申立てを行う場合を、実務上、プレパッケージ型と呼んでいる。

　プレパッケージ型は、申立て直後から信用補完が可能となり、再生債務者の事業価値の毀損を最小限に抑えることができることが大きなメリットとされるが、他方で、密行性等から、スポンサー選定過程の適正さや妥当性、スポンサー契約の内容の相当性に疑義がもたれうる。

　再生手続開始申立て前に締結されたスポンサー契約が再生手続開始後も効力を維持し得るか否かについては、いわゆるプレパッケージ型民事再生手続の有効性の問題として様々な議論がなされている。

　したがって、申立代理人となる弁護士は、議論状況と実務運用を十分に理解している必要がある。

(2)スポンサー候補への接触・協議　民事再生手続申立てについて相談を受けた段階で、債務者からスポンサー候補の有無を聴取し、その候補がいることがわかった場合には、債務者から、スポンサー候補の会社の概要、債務者との関係、想定し得る支援の方法・内容、当該候補との交渉状況等を聴取する。

　スポンサー候補との接触については、聴取等による信用情報の漏洩等の信用リスクについて十分注意する必要がある。スポンサー候補と接触しても、問題ないと判断される場合は、申立て準備の段階から、スポンサー候補と協議を進めるべきといえるが、特に、スポンサー候補が同業者や取引関係者である場合には慎重に判断する。スポンサー候補と接触・協議する場合、弁護士が窓口になるのが望ましい。

この協議の結果、具体的なスポンサー支援が相当程度に見込めるという感触を得た場合は、より具体的な検討に入ることになる。スポンサー候補に債務者の決算書類その他財務内容に関する資料等を提供する必要が生じ得るが、提供に先立ち、提供する情報の秘密保持に関する誓約書ないし合意書を作成し、信用リスクを回避するよう注意する。

　また、スポンサー候補との協議においては、申立て前にスポンサー支援に関する合意がなされても、後の民事再生手続において、必ずしも当該合意がそのまま効力を維持し得るとはいえないことを、債務者はもとより、スポンサー候補にも十分説明し、理解を得ておくべきである。

（3）スポンサー契約の締結　再生手続開始の申立ての準備段階において、スポンサー候補とスポンサー支援について合意を形成し得る状態になった場合、スポンサー支援について契約を締結するか、また、具体的にどのような内容の契約を締結すべきかが問題となる。

　再生手続開始申立て前に締結されたスポンサー支援に関する契約が再生手続開始後も効力を維持し得るか否かについて様々な議論がなされているのは上記のとおりであり、裁判所においても、上記のようなスポンサー契約については、開始決定後において、スポンサー選定手続の公正性やスポンサーによる支援条件の相当性について監督機関に調査を命じたうえで、例えば、申立て前に締結されたスポンサー契約を履行すること（民再49条1項の履行選択）を監督委員の同意事項とするなどの運用がなされている。

　申立代理人となる弁護士は、議論状況と実務運用を十分に理解したうえで、スポンサー選定手続の公正性とスポンサー支援条件の相当性に十分に留意・配慮して、手続を進める必要がある。

（4）申立書の作成・裁判所への連絡　スポンサー型の事業再生を予定・検討している場合、再生手続開始申立書にその旨を記載する（民再規12条5号参照）。

　プレパッケージ型における申立て前のスポンサー選定手続の進捗状

況については、スポンサーの選定のみを行った段階のものから、これ以上に至っているものなど様々なものがありうるが、監督委員が、直ちに、譲渡先の選定手続の公正性、対価の適正性等の調査を行うことが実務の運用であり、申立書への記載その他の方法で、裁判所や監督委員候補者にその事情を知らせることが相当である（民事再生の手引25頁参照）。

3　申立て後にスポンサー選定を行う場合

スポンサー型の事業再生を予定・検討し、申立て後にスポンサー選定を行う場合、民事再生手続の申立て直後から、これに向けて動く必要がある。スポンサー選定にあたっては、入札手続を実施し、候補者が入念にデューデリジェンスを行うのが債権者の利益の極大化や手続の公平性という観点からは理想といえる。もっとも、入札手続まで実施するのは非現実的というケースが多いと考えられる。

申立代理人としては、監督委員（候補）との間で早い段階から十分な意見交換を行い、公正さを意識したスポンサー選定を進める必要がある。

4　再生計画外の事業譲渡

(1) 計画外事業譲渡　　　　再生計画外の事業譲渡（計画外事業譲渡）とは、民事再生法42条の裁判所の許可を得て実行され、再生計画の内容としない事業譲渡のことをいう。

民事再生法42条1項の許可が必要となる事業譲渡は、「営業又は事業の全部又は重要な一部」に関するものである。ここにいう「営業又は事業」とは、一定の目的のために組織化され、有機的一体として機能する財産（最大判昭和40・9・22民集19巻6号1600頁）をいう。

計画外事業譲渡よりも、再生債権者の意思を端的に反映させることができる計画内事業譲渡が本来は望ましいともいえるが、実務的には、早期の信用補完が必要な事案が多く、また、スポンサーが早期の事業

譲渡を望むこともあり、計画外事業譲渡による場合の方が多い。

　東京地裁の場合、再生債務者は、監督委員の同意を得た上で、スポンサーとの間で、民事再生法 42 条の裁判所の許可を停止条件とする事業譲渡契約を締結し、上記許可後に、事業譲渡が実施されることになる。

　その後に提出される再生計画案においては、事業移転に伴う事業譲渡代金および残余財産の換価処分代金から清算に要する費用等を差し引いた金額を、再生計画認可決定確定後、早期に一括弁済をすることが通常である。

(2) 民事再生法 42 条 1 項の許可の要件　　裁判所が民事再生法 42 条 1 項 1 号の許可をするには、①再生手続開始決定後であること、②計画外の事業譲渡が、再生債務者の事業の再生のために必要であると認められること、③知れている債権者および労働組合等の意見を聴くことが必要である（民再 42 条 1 項 1 号・2 項・3 項）。

　また、明文の規定はないが、④譲受人の選定過程の公正さや譲渡対価、譲渡条件の相当性なども斟酌される（東京高決平成 16・6・17 金法 1719 号 51 頁）。譲受人の選定過程の公正さの確保、譲渡対価の相当性等の担保の点からは、入札手続を実施することが望ましいとはいえるが、事業内容によっては競争原理を働かせることを期待できない場合もあり、入札手続が不可欠というわけではないとされる。

(3) 許可の手続と留意点　　事業譲渡契約等の締結は、裁判所の許可またはこれに代わる監督委員の同意の対象となっていることが一般的である（東京地裁および大阪地裁では、監督命令において、「事業の維持再生の支援に関する契約及び当該支援をする者の選定業務に関する契約の締結」を監督委員の同意事項として指定する運用がとられている）。したがって、監督命令発令後に、スポンサー選定に関するフィナンシャル・アドバイザリー契約（FA 契約）や事業譲渡契約を締結するには、事前に監督委員の同意を得る必要がある。

　事業譲渡契約の締結の時期については、各裁判所の運用を確認する

必要がある。大阪地裁においては、許可申立書に既に監督委員の同意を得て締結された事業譲渡契約または同意を得る前の事業譲渡契約書（案）のいずれかを添付すればよいが、東京地裁では、事業譲渡許可の申立てに先立ち、必ず、裁判所の許可を停止条件とする事業譲渡契約の締結まで終えておく必要があり、許可申立書に、事業譲渡契約書の写しおよび契約締結について監督委員の同意を得た旨の報告書を添付する必要がある。

　事業譲渡許可申立書および添付の事業譲渡契約書の写し等を裁判所に提出すると、利害関係人による閲覧等の対象となる（民再16条1項、民再規9条1項）ことから、必要に応じ、閲覧等制限の申立て（民再17条1項1号・42条1項）を行う。

　事業譲渡許可の申立てがなされると、裁判所は、一部の例外（民再42条2項かっこ書・同ただし書）を除き、知れている再生債権者の意見を聴かなければならない（同本文）。意見聴取の方法は、裁判所の裁量に委ねられており、適宜の方法で意見を聴けば足りる。労働組合等からの意見聴取も必要であるが（民再24条の2）、この意見聴取の方法も適宜の方法で足りることとされている。

　また、再生債務者が株式会社である場合には、株主総会の特別決議も経なければならないことになるが（会社467条1項1号・2号・309条2項11号）、株主総会の決議による承認に代えて、民事再生法43条の裁判所の許可を利用することが可能である（民再43条1項）。

(4)債権者説明会　　計画外事業譲渡の許可手続は、再生債権者にとって重要で利害関係が大きい。再生債務者代理人は、再生債権者の理解を得られるよう、裁判所による再生債権者等からの意見聴取手続に先立ち、債権者説明会等の方法で、再生債権者に対し、事業譲渡の必要性、スポンサー選定過程の公正さ、譲渡対価の相当性等について丁寧に説明を行う必要がある。

　東京地裁では、裁判所が主催する意見聴取手続に先立ち、再生債務者主催の債権者説明会を開催することが求められている。その際の説

明内容については、監督委員と事前に十分に協議し、配布資料についても監督委員の確認を得ておくべきである。

（5）その他必要な手続　　事業譲渡の実行にあたり、譲渡対象となる不動産、リース物件等について別除権の目的物の受戻しが必要になる。

再生債務者代理人は、別除権者と交渉し、スポンサーとの間で合意した支援条件の範囲内で、別除権目的物の受戻しの同意を得る必要がある。別除権目的物の受戻しは、監督命令において同意事項とされていることが一般的であり、監督委員の同意を得ることも必要である。

実務上の利用頻度は高くないが、別除権者との交渉が膠着状態に陥った場合、担保権消滅許可の制度（民再 148 条以下）の利用が考えられる。

スポンサー支援が事業譲渡の方法で行われる場合、従業員については、再生債務者がすべての従業員を解雇するか、労働契約を合意解約し、労働債務をすべて清算したうえで、スポンサーが従業員を新規雇用する方法が一般的である。再生債務者代理人は、雇用関係の処理についても再生債務者に適切な助言・準備を行い、混乱回避に努めるべきである。

5　再生計画による事業譲渡

事業譲渡を定めた再生計画を作成し、裁判所に提出した上で、債権者による法定の決議を経て、事業譲渡を行うことができる。

再生計画における事業譲渡の場合にも、民事再生法 42 条 1 項 1 号の許可を要するか否かについては見解が分かれるが、東京地裁においては、再生計画認可の決定と別に事業譲渡の許可決定は行わないこととされている。

〔 *A n s w e r* 〕

再生のスキーム選択は、再生債務者代理人にとって力量の問われる局面であり、個別具体的な事情に応じて、最適なスキームは何かを検討するこ

とになる。事業譲渡型、特にプレパッケージ型民事再生については、その有効性の問題として様々な議論がなされているところであり、申立代理人となる弁護士は、議論状況と実務運用を十分に理解している必要がある。

　Case においては、民事再生手続申立て前に、スポンサー候補 C 社に接触するにあたり、信用毀損のおそれがないか十分に検討する必要がある。C 社に接触し、協議を行う場合も、検討の際の資料提供にあたり、提供する情報の秘密保持に関する誓約書ないし合意書を作成し、信用リスクを回避するよう注意する。

　再生計画認可決定を待っていたのでは、事業価値が劣化し、弁済率が下落することが見込まれ、C 社としても早期の事業譲渡を望んでいるとの事情があることは、申立て前の段階から裁判所に伝え、監督委員（候補）にも早期に伝えるようにする。申立て前にスポンサー契約（基本合意書）の締結に至る場合も同様である。

　民事再生手続申立て後に事業譲渡契約を締結することになる場合は、監督委員の同意が必要である。監督委員の同意を得て事業譲渡契約を締結し、裁判所の事業譲渡許可（民再 42 条 1 項）を得たとしても、X 社の本社兼工場の不動産およびリース物件である特殊ミシンについて別除権協定を締結する必要があり、X 社の従業員について労働契約の処理も必要であるから、事業譲渡の実行に向けて適切にスケジュールを管理し、準備を進めることが求められる。

　再生計画外で事業譲渡がなされた場合、再生計画案は、事業譲渡代金による一括弁済を行う計画となることが通常である。

V…小規模個人再生手続

Case

保険会社に勤務し、生命保険外交員である X（40 歳）から、債務整理の相談を受け、小規模個人再生申立事件を受任する。

X の債務総額は 300 万円程度、債権者数は 6 社、財産は、現金 30 万円、預貯金合計 15 万円、退職手当見込み額 480 万円、12 年前に購入した代金完済済みの自動車、保険の解約返戻金合計 60 万円であり、不動産は所有していない。

X の給与は、毎月手取 30 万円であり、当面退職の予定はない。X は、勤務先から借入れをしているが、勤務先に知られずに債務整理をしたいとの希望をもっている。

・・・

ノボル：はじめて小規模個人再生手続申立事件を受任することになったんです。本人が破産してすっきりしたいといって相談に来たから、最初は破産申立てを薦めようと考えたんですけど、よくよく話を聞いたら、生命保険の外交員でした。破産者であることは生命保険募集人の欠格事由になりますよね。

兄 弁：そうそう、本人は自分の職業の欠格事由について認識していないこともあるから、手続選択の見立ては重要だよね。

ノボル：はじめてだから色々手さぐりですが、破産も個人再生も債務整理手続だし、申立ての準備も同じように考えれば、まあ何とかなるかな。

兄 弁：個人再生手続は、破産手続と比べて複雑な規律が多いし、手続選択の判断、債権者との折衝、再生計画案の立案と再生債務者代理人の役割はとても大きいよ。それに、個人再生手続は、財産の管理処分権を持つ破産管財人がいる破産手続と違って再生債務者代理人の主導のもとで手続の

進行を図るんだから、再生債務者代理人の調査や進行についての方針決定がすごく重要になるよ。破産とは勘所が違うんだから、十分注意してやらなきゃ。

ノボル：そういえば、相談者は勤務先に知られずに債務を整理したいって言っていました。破産と違うといえば、個人再生手続では否認権の規定は適用されないから、申立て前に支払ってしまえば知られずに済むってことか。

兄　弁：おいおい。確かに、再生手続開始前に勤務先からの借入れを弁済することを禁止する規定はないよ。でも、否認対象行為があった場合は、清算価値がその分増える可能性があるし、それによって再生計画案の作成の見込みがないということになれば、再生手続開始申立ての棄却事由となる可能性もあるんだから、依頼者によく説明しておかないとだめだよ。

ノボル：個人再生手続について一から確認し直します！

Check List

□債務者は、将来において継続的または反復して収入を得る見込みがあるか ［→ **1(2)**］

□債務者は、5000万円要件を満たしているか ［→ **1(2)**］

□個人再生手続が有用・必要な案件か ［→ **2(1)**］

□個人再生手続の概要・手続の流れ、再生債務者の立場・義務について説明し、理解を得たか ［→ **2(2)**］

□必要書類の取得・作成の指示は適切か ［→ **3(2)**］

□計画弁済予定額を算出し、積立てを開始したか ［→ **3(3)**］

□債権者一覧表の記載に漏れ・誤りはないか ［→ **4(1)(2)**］

□財産目録・清算価値算出シートは記載要領（チェックリスト）に従って作成されているか ［→ **4(3)**］

□個人再生委員と連絡をとり、その指示を受けたか ［→ **5**］

□異議申述の要否について検討したか ［→ **6(2)**］

□報告書（民再124条2項・125条1項）は作成・提出したか

　　　　［→ 6(2)］
　　□再生計画案は適切に作成されているか［→ 6(4)］
　　□事件終了の処理を行ったか［→ 7］

［ 解 説 ］

1　個人再生手続の概要
(1)民事再生手続と個人再生手続の違い　　小規模個人再生および給
与所得者等個人再生（以下総称して「個人再生手続」）は、利用対象者
を継続的な収入の見込みがある個人債務者に限定した再建型の倒産処
理手続であり、通常の再生手続の特則に位置付けられる（民再221条
1項）。再生手続をベースとして、個人債務者が利用しやすいように
手続が簡素化・合理化されている。
　　個人再生手続を利用するためには、再生債権総額が5000万円を超
えないことが必要であり（民再221条1項・239条1項）、それを超え
る場合には、通常の再生手続の利用を検討することになる。
(2)小規模個人再生の手続開始の要件　　小規模個人再生手続を利用
するには、①「将来において継続的に又は反復して収入を得る見込み
がある個人債務者」で、②「無担保再生債権の総額が5000万円を超
えないもの」であることを要する（民再221条1項）。それぞれの要件
について法の正確な理解と個別のあてはめが必要であるから、債務者
の現状をふまえ、要件該当性を丁寧に検討する。
(3)スケジュール　　各裁判所の個人再生手続のスケジュールを確認
する。申立代理人は、申立先裁判所のスケジュールを頭に入れて事件
処理に臨む必要がある。

2　受任の際の注意点
(1)事案の見極め──個人再生手続に適する事案か　　債務者の希望も

ふまえ、最適な手続は何かを見極める。

　個人再生手続の必要性・有用性が高い事案であるか、そうであるとして、小規模個人再生と給与所得者等個人再生手続のいずれを選択するのが妥当か検討する（手続選択のポイントについては、本章**VII**）。

（2）債務者に対する説明　　受任にあたり、依頼者に対して、個人再生手続の概要および手続の流れを説明し、十分な理解を得ることは当然である（最判平成 25・4・16 民集 67 巻 4 号 1049 頁、田原睦夫裁判官補足意見参照）。さらに、再生手続開始後、再生債務者は、債権者に対して公平誠実義務を負うこと（民再 38 条 2 項）についても、依頼者の理解が得られるよう、わかりやすく説明する。

　官報公告についても、これにより第三者に個人再生申立ての事実が判明する可能性があることを含め、事前に説明して理解を得ておく方がよい。

3　申立て準備

（1）受任通知　　小規模個人再生手続を受任した場合、債務者が法人の場合と異なり、債権者に対して速やかに受任通知を発送するのが望ましい。受任通知発送時の注意については、第 1 章 **IV** 参照。

（2）依頼者に対する指示　　小規模個人再生申立てにあたっては各種の疎明資料などの添付が必要になる。依頼者において取得・作成が可能な書類については、必要な書類をリストにして準備を指示するのがよい。

（3）積立て　　再生手続開始決定後に、申立て時に再生債務者が想定している計画弁済額相当額を積み立てさせる運用を行っている裁判所がある。例えば、個人再生委員を全件選任する東京地裁では、分割予納金を個人再生委員の指定口座に毎月送金し、個人再生委員が必置とされていない大阪地裁では、主として代理人口座で積立てを行う。

　申立代理人が債務整理の受任通知を発送すると、貸金業者だけでなく（貸金業法 21 条 1 項 9 号）、ほとんどの債権者からの取立てが止まり、

債務者の家計に余裕が生じるのが通常である。そこで、上記の運用に先立つ履行テストとして、また、再生計画認可決定確定後の弁済の余力確保のためにも、受任後、債務者に積立開始を指示すべきである。

　積立金は再生債務者の財産であり、形式的には清算価値に含まれるべきものであるが、東京地裁では、現金と弁護士預り金は、これらの合計額から99万円を控除した額を清算価値として扱い、大阪地裁も現金およびこれに準じる普通預金について、99万円までを清算価値から除外するとしている。したがって、申立て準備が長期間にわたるなどしないかぎり、実際に清算価値が増大する場面は多くないといえる。なお、東京地裁では、個人再生委員の口座に振り込まれた分割予納金は、清算価値には含まれないとする扱いである。

4　書類の作成・準備

(1)民事再生法および民事再生規則上の必要書類等　小規模個人再生手続申立てをするために必要な書類等については、民事再生法221条3項、民事再生規則12条・14条1項・115条1項・112条に規定されている。

　小規模個人再生手続を行うことを求める旨の特則の申述は、小規模個人再生手続の申立書に記載する（民再221条2項、民再規112条1項）。

　添付書類については、東京地裁のように、民事再生規則上提出が必要な書面であっても申立てと同時に提出することまで求められていないものもあるため、各裁判所の運用を確認する。

(2)債権者一覧表作成のポイント　小規模個人再生では、小規模個人再生の申述をする際に、債権者一覧表の提出が義務付けられる（民再221条3項）。これは、「無担保の再生債権が5000万円以下」であるか否かを判断する資料となる。

　債権者一覧表の記載の訂正に関する規定はなく、訂正は原則として認められない。また、再生手続開始後の債権者一覧表の記載の訂正は、一切認められない（個人再生の手引109頁、124～125頁参照）。申立代

理人には、誤りのない債権者一覧表を作成して申立てをすることが求められる。債権者一覧表の作成の際の一般的な注意事項としては、次の点が挙げられる。

(a) **債権額を明確に記載する**　債権額「約○○万円」と概算で記載しない。また、利息・遅延損害金について付利元本、利率、始期等の記載が不十分で金額が特定できないことのないように注意する。

(b) **保証債務や勤務先からの借入金の記載を落とさない**　保証債務は主債務者の氏名も記載する。

勤務先からの借入金について、勤務先に知られたくないとして債務者に債権者一覧表からの除外を求められることがある。しかし、勤務先からの借入金は、再生債権にあたり（民再84条1項）、債権者一覧表に記載する必要がある。

(c) **別除権付債権の記載を正確に**　別除権付債権については、債権額および原因に加え、別除権の目的および担保不足見込額（別除権の行使によって弁済を受けることができないと見込まれる債権の額）の記載が必要であり（民再221条3項2号）、記載漏れのないようにする。債務者と別除権者で担保価値の把握に違いがある場合は、申立て前に協議を行うことが望ましい。マンションの滞納管理費が別除権付債権であることも失念しやすいので注意する。

(d) **非減免債権の記載を忘れない**　非減免債権（民再229条3項1号から3号）を忘れずに記載する。なお、離婚に伴う養育費等のうち再生手続開始決定前に発生し、未払いとなっている債権は非減免債権に該当する（同項3号）が、再生手続開始決定後の将来の養育費請求権は共益債権と解されることに注意が必要である（民再119条2号・7号、個人再生の手引317頁）。

(e) **債権者の住所・氏名不詳の場合の扱い**　債権者の住所・氏名が明らかでない場合、開始通知を送付できない上、債権調査で異議を述べても異議を通知することができず、異議の効力に疑義が生じかねない。そこで、記載が必要かどうかを検討するとともに、記載する場

合も債権者一覧表記載の債務額を 0 円と記載し、債権者からの再生債権の届出を促す方法をとることなどを検討する。

　(f)　**異議留保**　　異議を留保する旨の記載（民再 221 条 4 項）のない再生債権については、後に異議申述ができない（民再 226 条 1 項ただし書）。異議の留保をしないことで、異議の申述ができなくなるというデメリットがある一方、異議の留保をすることによるデメリットはなく、債権者一覧表のすべての再生債権について異議を留保しておくべきである。

（3）財産目録および清算価値算出シート作成のポイント　　記載漏れや不正の記載は手続廃止となる場合があることから、資料に基づいて正確に記載する必要がある。

　清算価値保障原則への適合性をチェックするために、財産目録上の付加記載、または別に「清算価値算出シート」を作成することが求められる。いずれの場合であっても、従来の書式では、不動産については被担保額を控除する、退職金見込み額についてはその 8 分の 1 を清算価値として計上するなど、資産について破産での運用と共通の取扱いをすることが意識されている。申立先の裁判所が用意する記載・入力要領に従って作成する。

　家計の収支についても申立書の添付資料とされていることが多いが、これも個人の破産申立て時と同様に作成する。

5　申立てから開始決定までの申立代理人の業務

（1）個人再生委員が選任された場合　　個人再生委員と連絡を取り合い、その指示に従って準備を進める。

　東京地裁では、すべての個人再生事件について個人再生委員が選任されている。分割予納金の振込口座が指定されるので、再生債務者に計画弁済予定額の振込を指示する。なお、申立て後に計画弁済予定額が変更された場合でも、遡って調整する必要はないとされている。

（2）個人再生委員が選任されない場合　　各裁判所の運用に従うこと

になる。

6　開始決定から終局決定までの申立代理人の業務

(1)再生手続開始の効力　　再生手続が開始されると、①再生債権の弁済禁止（民再85条1項）、②個別執行および他の倒産手続の禁止等（民再39条1項）、③公平誠実義務の負担（民再38条2項）の効力が生じる。再生債務者の自覚を促すためにも、申立代理人は、手続開始のタイミングで、再生債務者に再度説明をすべきである。特に、再生債務者が再生債権と一般優先債権および共益債権の違いを理解せず、再生債権を弁済してしまうことがあるため、具体的に説明して注意を促す。

(2)報告書、財産目録等の提出　　再生債務者は、再生手続開始後に民事再生法124条2項に規定する財産目録を作成し、同法125条1項に規定する報告書を作成しなければならない。東京地裁においては、申立て時に報告書を提出している場合には、申立て後の事情の変更がなければ改めて報告書を提出する必要はないとされ、財産目録についても、申立書の添付資料として財産目録を提出し、それ以降財産に変更のない場合は、上記報告書に申立て時に提出した財産目録の記載を引用する旨記載すれば足り、改めて財産目録を提出する必要はないとされている。

　また、個人再生手続では手続の簡素化のため認否書の作成は予定されていないが（民再238条・245条による101条の適用除外）、東京地裁では、通常の再生手続における認否書に相当するものとして、再生債務者に対し、債権認否一覧表の提出を求めている（民再規120条1項）。

　このように、実務の運用は、法の定めのままとは限らないため、上記書面の作成・提出については、申立先の裁判所の運用を十分確認する。

(3)異議の申述・評価　　異議を述べる必要があるにもかかわらず、異議申述書を提出しないまま一般異議申述期間を経過することがない

ように注意する。

（4）再生計画案の作成・提出　　再生計画案の作成および提出は、再生債務者に課された義務の一つである（民再 163 条 1 項）。所定の要件を満たした再生計画案を作成する必要があることはいうまでもなく、細心の注意を払って作成する必要がある。作成時は、特に次の点に注意が必要である。

　（a）**計画弁済総額を間違えない**　　小規模個人再生においては、再生計画案における計画弁済総額は、①最低弁済額（民再 231 条 2 項 3 号・4 号）と②清算価値（同条 1 項・174 条 2 項 4 号）のいずれか高い額である必要がある。基準債権額の確定、清算価値の算定に誤りがないように二重、三重の確認が望ましい。自認債権は基準債権に含まれないため、これを含めて計算することのないように注意する。

　（b）**履行可能性を再チェックする**　　小規模個人再生手続においては、再生計画が遂行される見込みのないことが当該再生計画案の不認可事由とされており（民再 231 条 1 項・174 条 2 項 2 号）、計画弁済総額と、再生債務者の収入・支出の見込みとを比較し、履行可能性の有無を再度検討する。家族の進学や病気等の申立て後の事情で履行の可能性に影響が生じている可能性もあるので、再確認は必須である。

　（c）**期限を守る**　　再生債務者は、再生計画案を定められた提出期限までに裁判所に提出しなければならない（民再 163 条 1 項）。裁判所は、提出期限内に再生計画案が提出されなければ再生手続廃止決定をする（民再 191 条 2 号）。したがって提出期限までに再生計画案の提出が困難な事情が生じた場合は、提出期間伸長の申立てを行うことを検討する必要がある（民再 163 条 3 項）。再生計画案の修正には一定の限界があるため、個人再生委員が選任されている場合、裁判所に対する提出期限の前に個人再生委員に再生計画案を直送し、意見を求めるのが望ましい。

（5）付議決定・意見聴取決定から認可決定まで　　小規模個人再生では、通常の再生手続と異なり、再生計画案の決議に際して債権者集会

を開くことはなく、専ら書面による決議による（民再230条3項）。

　再生計画案は、裁判所が書面による決議に付す決定をした後は、修正できない（民再167条）。再生計画案の可決においては、いわゆる消極的同意要件が採用されている。可決後、裁判所は認可・不認可の裁判を行う（民再231条・174条2項・202条1項・2項）。

7　終局決定後の申立代理人の対応

　小規模個人再生においては、再生手続は、再生計画認可の決定の確定によって当然に終結し（民再233条）、再生手続が終結すると再生計画の履行について監督機関は存在しない。

　個人再生手続においては、再生手続終結時点で委任契約が終了することを契約内容としていることが多いと考えられる（なお、東京三会作成の「契約書（自己破産・個人再生用）2014年4月1日改訂版」においては、委任事項としては「個人再生事件」と規定されているのみである）。事件の終了時には、依頼者にその旨報告し、預り金の清算、預り物品の返還を行う。

【 *Answer* 】

　Caseにおいては、Xは、保険会社に勤務して毎月手取り30万円の収入を得ており、退職の予定もない上、再生債権の額が5000万円を超えることはなさそうであるから、小規模個人再生手続の手続開始要件を満たすと考えられる。また、仕事が生命保険の外交員であること、清算価値が計画弁済総額の下限になると見込まれることから、破産よりも個人再生手続の利用が有用であるといえる。

　Xの勤務先からの借入れは再生債権であるから、債権者一覧表に勤務先を加えないことはできない。

VI…住宅資金特別条項を定める場合

Case

東京都在住の会社員 X（45歳）は、自己所有のマンションに妻と子2人と暮らしている。Xは、貸金債務600万円と住宅購入のために組んだ住宅ローン債務2000万円（月支払額8万円）を抱えており、当該マンションには、住宅ローン債権者が抵当権を設定している。Xは、債務整理しつつ、住宅（マンション）を残すことを希望している。現時点では、住宅ローン債務は約定通り返済しているが、マンション管理費の滞納がある。Xの手取り収入は毎月30万円であり、当面退職の予定はない。

●●●

ノボル：今日、法律相談で、債務整理したいけれど、いま家族と暮らしているマンションは絶対残したいという相談を受けました。相談者の強い希望もあるし、住宅資金特別条項を利用した個人再生申立てを受任しようかと考えています。

兄　弁：強い希望っていうけど、再生計画に従った弁済の見込みは十分にあるのかな。相談者は、家を残せる債務整理手続っていう知識だけで住宅資金特別条項を利用した個人再生手続申立てを希望することがあるけど、住宅ローンに加えて、再生債権の支払いをするのは結構大変だから、再生計画に基づいた弁済が始まったところで、こんなはずじゃなかったって後悔される可能性もないわけじゃないよ。

ノボル：本人の再生への意欲が本物か、重ねて確認したいと思います。でも、この住宅は、マンション管理費も滞納しているようなので、そもそも住宅資金特別条項の利用の要件を満たしていないんじゃないかってことも気になってるんです。

兄　弁：その点は、法の定めのほか、申立先裁判所の運用もきちんと確認する必要があるね。東京地裁だと、一定の場合には、再生手続を開始するという扱いをしているよ。

ノボル：早速確認します。住宅ローンの弁済は遅れていないから、「そのまま型」でいけそうなんです。

兄　弁：それなら、小規模個人再生手続申立てと同時に住宅資金貸付債権に関する弁済許可の申立てをすることを忘れないようにね。弁済禁止の状態で住宅ローンの支払を行ってしまったら、民事再生法85条1項に違反したことになるし、再生手続廃止になってしまったら元も子もないよ。

ノボル：いろいろ並行して進めないといけないですね。気を引き締めてがんばります！

Check List

□住宅資金特別貸付債権に関する特則の制度趣旨を理解しているか［→ 1］

□「住宅」（民再196条1号）に当たるか［→ 2(1)］

□「住宅資金貸付債権」（民再196条3号）に当たるか［→ 2(1)］

□住宅資金貸付債権またはこれに係る保証会社の主債務者に対する求償権を担保するために、住宅に抵当権が設定されているか（民再196条3号）［→ 2(1)］

□他の担保権は設定されていないか［→ 2(1)、6］

□滞納処分による差押えはされていないか［→ 5］

□マンション管理費の滞納はないか［→ 6］

□利用類型は検討したか［→ 2(3)］

□住宅資金貸付債権者との間で事前協議を行ったか［→ 2(2)］

□債権者一覧表に、住宅資金特別条項を利用する予定である旨記載したか［→ 3(1)］

□債権者一覧表の記載は適切か〔→ 3 (1)〕

□住宅資金特別条項を利用する場合の添付書類は用意したか
〔→ 3 (2)〕

□住宅資金貸付債権に関する弁済許可の申立ては行ったか〔→
4〕

□ペアローンになっていないか〔→ 7〕

［ 解 説 ］

1 住宅資金特別貸付債権に関する特則の制度趣旨

民事再生法は、住宅ローンを抱えて経済的な破綻に瀕した個人債務者が、その生活の本拠である住宅を手放すことなく経済生活の再生を図ることを可能にする趣旨で、住宅資金貸付債権に関する特則を定めている。

住宅資金特別条項を定めた場合、債務者は、再生計画に従って、住宅ローンを原則として全額弁済する必要がある上に（ただし、民再199条4項に基づいて利息・遅延損害金・元本の一部免除を受ける余地はある）、住宅ローン以外の再生債権に対しても、最低弁済額要件、清算価値保障原則を満たす弁済（給与所得者等再生においては、これらに加え可処分所得要件を満たす必要がある）を行う必要があり、債務者の負担は重くなりがちである。

債務者は、住宅を残すことのみに気をとられて、住宅資金特別条項を定める申立てを希望することがあるが、相談を受けた弁護士としては、債務者の意向のままに安易に受任することなく、住宅資金特別条項を定める申立てが相応しい事案か見極める必要がある。その上で、債務者に対し、手続の概要、進行等をよく説明し、丁寧に意思確認した上で、処理方針を決定すべきである。

2　利用にあたっての留意点

(1)住宅資金特別条項の要件　住宅資金特別条項を定めるためには、再生債務者が住宅を所有し（民再196条1号）、その住宅に住宅資金貸付債権を被担保債権（保証会社の求償権を含む）とする抵当権が設定され、それ以外の担保権が設定されていない（民再198条1項ただし書・53条1項）ことが基本的に必要であり、形式的には、法定の記載事項（民再199条、民再規99条）の明示が必要である。

「住宅」（民再196条1項）とは、①個人である再生債務者が所有し、②自己の居住の用に供する建物であって、③その床面積の2分の1以上に相当する部分が専ら自己の居住の用に供されるものをいう。ただし、①～③の要件を満たす建物が複数ある場合には、これらの建物のうち、再生債務者が主として居住の用に供する建物に限られる。現在居住の用に供していなくても、例えば、転勤のため住宅を他人に賃貸している場合、それが一時的であり将来的に居住の用に供するのであれば、「住宅」に当たる可能性があるから、要件②を満たさないと即断するのではなく、債務者に住宅の利用状況について説明を求め、資料を収集することが大切である。

居宅兼店舗の場合には、建物の床面積の2分の1以上が居宅の用に供されていることの説明と資料の提出が求められる（民再196条1号、民再規102条1項5号）。

「住宅資金貸付債権」（民再196条3号）とは、住宅の建設もしくは購入に必要な資金（住宅の用に供する土地または借地権の取得に必要な資金を含む）または住宅の改良に必要な資金の貸付けに係る分割払の定めのある再生債権であって、当該債権または当該債権に係る債務の保証人（保証を業とする者に限る）の主たる債務者に対する求償権を担保するための抵当権が住宅に設定されているものをいう。

この「住宅資金貸付債権」には、住宅の改良（増改築のほか、バリアフリー化工事等のいわゆるリフォームも含まれる）に必要な資金として貸付がなされた再生債権も含まれることとしている。いわゆる住宅ロ

ーンの借換えが行われた場合、当該借換えのための貸付けにかかる債権も該当する。

（2）事前協議　　再生債務者は、住宅資金特別条項を定めた再生計画案を提出する場合には、あらかじめ、当該住宅資金特別条項によって権利の変更を受ける者と協議することが求められる（民再規101条）。この規定は訓示規定であると解されているが、現実には、住宅ローン債権者との協議なしに住宅資金特別条項を定めることは困難であり、申立て前に協議がなされるべきである。再生債務者代理人に宛てた住宅資金特別条項の提案書式を用意している債権者もいるため、事前協議の際に、その有無を尋ねるのがよい。

　事前協議の相手方は、再生計画によって権利変更を受ける住宅資金貸付債権者である。既に保証会社による弁済がなされているいわゆる「巻戻し」の事案でも、保証会社ではなく、住宅ローン債権者が相手方となる。ここでは、保証会社との交渉が不要というわけではなく、保証会社に対しても、十分な事情説明や協議を行っておくことが求められる。

（3）利用類型の選択　　民事再生法が定める住宅資金特別条項の種類は、①期限の利益回復型・そのまま型（正常返済型。民再199条1項）、②リスケジュール型（同条2項）、③元本猶予期間併用型（同条3項）、④合意型（同条4項）の4類型である。①ないし③の関係については、先行する型の条項によって遂行可能な計画が立てられる場合には、後の型の条項を定めることは認められず、先行の型の条項を定めた再生計画の認可の見込みがない場合に初めて後者の型の条項が可能になる（補充関係）。これに対し、④については補充性の要件はなく、債権者との合意により常に任意の内容の条項を定めることができる。

　債務者代理人としては、依頼者の事情をふまえて適切な利用類型を見極め、住宅資金特別条項の具体的な記載例を検討する。

　例えば、②リスケジュール型は、①期限の利益回復型による計画の認可の見込みがない場合に、利息・遅延損害金を含めて全額弁済する

ことを前提に、支払期限を最大10年間、再生債務者が70歳を超えない範囲内（満70歳の誕生日の前日まで）で延長し、各回の支払を減らすというものであるが、変更後の最終弁済期が、再生債務者の満70歳の誕生日の前日までであることが要件となるから、再生計画認可決定の確定が見込まれる時期と再生債務者の現在の年齢を元に、リスケジュール期間を検討する必要がある。

　住宅資金特別条項の具体的な記載例については、裁判所により運用が異なっていることから、事前に申立先の裁判所に確認等をする必要がある。

3　債権者一覧表・添付資料

(1)債権者一覧表　　個人再生手続を申し立てる際は、債権者一覧表の提出が求められる（民再221条3項・244条）。この債権者一覧表には、住宅資金貸付債権についてはその旨、住宅資金特別条項を定めた再生計画案を提出する意思があるときはその旨を、それぞれ記載する必要がある（民再221条3項3号・4号・244条）。

　債権者一覧表の記載の変更は、再生手続開始決定後は一切認められず、後で再生計画案に盛り込むことはできなくなるため、注意が必要である。

(2)添付書類　　住宅資金特別条項を定める場合、通常、再生手続開始申立書に、①住宅および住宅の敷地の登記事項証明書を添付するが、再生計画案と併せて提出すべきとされている②住宅資金貸付契約の内容を記載した証書の写し（ローン契約書）、③住宅資金貸付契約に定める各弁済期における弁済すべき額を明らかにする書面（償還表）についても、受任後、債務者に提供を指示し、申立て後は、早期に裁判所・個人再生委員に提出できるように用意しておく。保証会社が存在する場合に再生債務者の求償権の存在を証する書面（保証委託契約書等。民再規102条2項）、住宅に居住の用に供されない部分（事務所・店舗等）がある場合の床面積を明らかにする書面（民再196条1号、民

再規 102 条 1 項 5 号）、保証会社が全部履行済みの場合に保証債務が消滅した日を明らかにする書面（同項 6 号）の提出を求められることがあるため、受任時にその要否を予測し、資料の収集、検討を進めておく。

4　住宅資金貸付債権に関する弁済許可

裁判所は、再生債務者が再生手続開始後に住宅資金貸付債権の一部を弁済しなければ、住宅資金貸付契約の定めにより当該住宅資金貸付債権の全部または一部について期限の利益を喪失することとなる場合において、住宅資金特別条項を定めた再生計画の認可の見込みがあると認めるときは、再生計画認可の決定が確定する前でも、再生債務者の申立てにより、その弁済をすることを許可することができる（民再 197 条 3 項）。

弁済許可を得るには、再生債務者の申立てが必要であり、特に、そのまま型（正常返済型）の条項を予定している場合には、一部弁済許可の申立てが必須であるといえるから、この申立てを失念しないよう、また失念したまま弁済することのないよう、注意が必要である。

5　滞納処分による差押えがなされている場合

住宅ローンを被担保債権とする抵当権が設定されている建物について滞納処分による差押えがなされている場合、原則として不認可事由があることになり（民再 202 条 2 項 3 号）、認可の見込みがないため、再生手続開始の申立ては棄却されることになる（民再 25 条 3 号）。再生債務者が、滞納税金について、既にこれを完済したか、近く完済の見込みがあるなどの事情がない限り、住宅資金特別条項を定めることはできないと考えられる。実務上は、滞納処分庁と分納について協議が成立した場合に、滞納処分庁に提出した誓約書、協議申入書、分割弁済計画書を添付した上申書を提出するという対応をとることが多いようである（個人再生の手引 404 頁参照）。

6 後順位担保権者のいる場合等

　住宅ローンを被担保債権とする抵当権が設定されている建物に、住宅ローン関係の抵当権以外の担保権が設定されている場合には、当該担保権が後順位のものである場合をも含めて、住宅資金特別条項を定めることはできない（民再198条1項ただし書）。

　東京地裁では、当該担保権を消滅させるか、再生計画認可決定までに消滅させることが相当の確度をもって見込まれ、個人再生委員が開始相当の意見を提出したときには再生手続を開始するという取扱いがされている。認可決定時に担保権が消滅していなければ、不認可の決定がなされるところ、不認可事由がある再生計画案については書面決議に付し、または意見聴取をすることもできないため（民再230条2項・240条1項1号）、付議決定（小規模個人再生）または意見聴取決定（給与所得者等再生）までに当該担保権を消滅させておく必要がある。

　マンションの管理費、修繕積立金等の債権は、建物の区分所有等に関する法律7条1項により、債務者の区分所有権および当該建物に備え付けた動産の上に先取特権を有するとされ、再生手続上は、別除権付債権になると解される。そこで、住宅ローンを被担保債権とする抵当権が設定されているマンションについて、マンションの管理費、修繕積立金等の滞納がある場合は、原則として住宅資金特別条項を定めることはできない（民再198条1項ただし書）。東京地裁においては、上記の後順位担保権者のいる場合と同様の取扱いがなされており、注意が必要である（個人再生の手引405頁参照）。

7 ペアローンの場合の留意点

　同居する夫婦が、共有する住宅の持分に従い、互いに住宅ローンを組み、共有不動産の全体にそれぞれを債務者とする抵当権を設定するローンのことを（夫婦）ペアローンと呼んでいる。この場合、例えば、住宅を夫と妻が持分2分の1ずつ有し、第一順位抵当権者が夫の住宅ローン債権者、第二順位抵当権者が妻の住宅ローン債権者であると

すると、夫について、第二順位の抵当権は、債務者以外の者の債務を担保するために再生債務者が共有持分を有する住宅に抵当権を設定していることになり、民事再生法 198 条 1 項ただし書前段に該当し、住宅資金特別条項は利用できないのではないか、との問題がある。

この点、同項ただし書前段の趣旨は、住宅上に同法 53 条 1 項に規定する担保権が存在する場合、仮に住宅資金特別条項を定めたとしても当該担保権が実行されれば住宅を失い、住宅の確保という趣旨が没却されてしまうからであるとされており、当該担保権が実行されるおそれがない場合は、住宅資金特別条項を定めても同条項の趣旨には反しないといえる。

東京地裁では、上記のような夫婦ペアローンで、夫婦同時に個人再生の申立てがなされた場合には、いずれの手続においても住宅資金特別条項の利用を認める方向で運用している（個人再生の手引 385 頁）。

この考え方からすれば、問題となる担保権の実行の可能性がなければ、妻の個人再生申立て自体も不要でないかと考えられる。東京地裁において、住宅を夫が持分 5 分の 4、妻が持分 5 分の 1 ずつ有し、第一順位抵当権者が夫婦連帯債務の住宅ローン債権者、第二順位抵当権者が妻の住宅ローン債権者である場合に、妻の住宅ローンの履行可能性を検討し、住宅ローン債権者の同意を得た上で、個人再生委員の意見もふまえ、住宅資金特別条項の利用を認めた例がある。

【 *Answer* 】

Case の場合、住宅資金特別条項を定めることができる「住宅」、「住宅資金貸付債権」の要件は満たしていると考えられる。もっとも、X は、自宅マンションの管理費を滞納していることから、その滞納を解消する必要がある。

また、個人再生申立てを行う前に、住宅ローン債権者と事前協議を行う必要がある。

申立ての際は、住宅資金貸付債権に関する一部弁済許可の申立てを失念

することのないように注意する。

　これらの大前提として、再生計画認可の可能性の検討とともに、実際の弁済に耐えられるか、依頼者の意向・状況を十分確認する必要がある。

VII…給与所得者等再生

Ｃａｓｅ

　サラリーマンのＸ（45歳）から、債務整理の相談を受け、話を聞いた。当初、Ｘは、債権者はＹ社を含む貸金業者3社と実弟Ａの4者で、貸金業者3社に対する債務は合計260万円（うちＹ社は200万円）、Ａに対する債務は300万円であると説明し、破産は絶対に嫌であること、Ｙ社は、再生計画案に不同意の回答をする意向を明らかにしているが、小規模個人再生手続を利用したいと考えていることを話していた。

　しかし、よく話を聞くと、ＡのＸに対する債権は実際には存在せず、再生計画案がＹ社の不同意により否決されることを回避するために話を作っていたことがわかった。

　Ｘは妻（45歳）と小学生の子一人と賃貸マンションに同居しており、月収は手取りで35万円、現時点で退職の予定はない。妻はパートタイムで働き、年収は96万円であり、翌年以降も収入は同額と見込まれている。また、Ｘは、今後虚偽を述べないこと、公平誠実に個人再生手続を追行することを誓約している。

●●●

ノボル：小規模個人再生手続申立てを希望する債務者から相談を受けて、受任することになりました。破産は絶対に嫌だというので、小規模個人再生の申立てを選ぼうと思ったんですけど、話をよく聞いたら、債務者が申し出た債権の一部が実際には存在しない上に、現に存在する大口の債権者が不同意にする可能性が高いので、給与所得者等個人再生申立てをする予定です。

姉　弁：再生債務者の再生計画案への同意・不同意の見込みを把握するのは個人
　　　　再生手続の手続選択上とても重要ね。債務者が申し出た債権の存否につ
　　　　いても慎重に確認して、再生計画案の認可の見通しを立てることも必要
　　　　よね。慎重に確認しながら処理しているみたいじゃない。

ノボル：給与所得者等再生だと、再生計画案に対する再生債権者の決議の手続が
　　　　ないから手続も簡単かなんて考えたりして。

兄　弁：それを聞くと、給与所得者等再生手続の再生計画案の作成について、き
　　　　ちんと検討したのか不安になるな。給与所得者等再生は、最低弁済額要
　　　　件と清算価値保障原則に加えて、可処分所得2年分の基準もあるから、
　　　　注意が必要だよ。可処分所得は、債務者の収入から生活保護レベルの最
　　　　低生活費のみを控除して算出されるから、債務者は生活を切り詰めて、
　　　　相当に厳しい弁済を行うことが想定されるんだよ。

ノボル：改めて確認したいと思います。

姉　弁：妻が働いている場合、妻の年収次第では被扶養者に当たらなくなるから、
　　　　きちんと確認しないとね。

ノボル：今回は、妻はたしか年収100万円以下と言っていたような……。

兄　弁：本人が「言っている」だけじゃなくて、きちんと資料を収集して、自分
　　　　の目で確かめないと。

ノボル：資料を確認します！

Check List

□給与所得者等再生の意義を理解しているか ［→ 1］

□小規模個人再生申立ての要件を満たしているか ［→ 2(1)］

□給与またはこれに類する定期的な収入を得る見込みがあるか
　［→ 2(2)］

□収入額の変動の幅が小さいと見込まれるか ［→ 2(2)］

□再生計画案に対する再生債権者の同意・不同意の見込みは検
　討したか ［→ 3(1)］

□可処分所得額は算定したか〔→ **4**、**5**〕

□小規模個人再生の場合と給与所得者等再生の場合の最低弁済額は比較したか〔→ **3(2)**〕

□給与所得者等再生手続を利用する期間制限に抵触しないか〔→ **3(3)**〕

□申立書に給与所得者等再生を申し立てる旨記載したか〔→ **2(1)**〕

□履行可能な再生計画の立案は可能か〔→ **6**〕

〔 解 説 〕

1 給与所得者等再生の意義

　給与所得者等再生は、小規模個人再生の対象者のうち、一般のサラリーマンなど、将来の収入の額を確実かつ容易に把握することができる者を対象とする手続であり（民再239条1項）、再生債務者の収入や家族構成等を基礎に当該再生債務者の可処分所得を算出し、その2年分以上の額を弁済原資とすることを条件として（民再241条2項7号）、再生債権者による再生計画案の決議を省略することにより、小規模個人再生よりも、さらに手続を簡素化・合理化したものである。

2 要件

(1)固有の要件　　給与所得者等個人再生は、通常の民事再生の申立て要件および小規模個人再生の申立て要件に加え（小規模個人再生において、再生手続開始の申立ての際に小規模個人再生を行うことを求める旨の申述をしたことの要件を除く）、①給与またはこれに類する定期的な収入を得る見込みがあり、収入額の変動の幅が小さいと見込まれること（民再239条1項）、②再生手続開始の申立ての際に給与所得者等再生を行うことを求める旨の申述をしたこと（同条2項）、③再申立て

制限に抵触しないこと（同条5項）の要件を満たす必要がある。

（2）収入の安定性　　給与所得者等再生では、再生計画認可の前提として債権者による決議が不要とされているため、債権者の利益を不当に害することのないよう、①の要件を定め、弁済計画の信用性の基礎となる将来の収入の確実性を担保している。「給与等の定期的な収入額の変動の幅が小さい」といえるかどうかは、再生債務者の職種、その給与の算定基準（固定給か歩合給か等）、過去および現在の収入の状況、経済情勢などを総合的に考慮して判断されることになる（始関正光編著『一問一答個人再生手続』（商事法務研究会、2001年）278頁）。一般的には、計画弁済総額の基礎となる可処分所得算定にあたって、定期的な収入の額について5分の1以上の変動があった場合に可処分所得の特別な算定方法が定められていることから（民再241条2項7号イ）、年収換算で5分の1未満の額の変動であれば安定性があると解されている。

3　小規模個人再生と給与所得者等再生の手続選択ポイント

（1）再生計画案の付議の要否　　小規模個人再生手続では、再生計画の認可決定を得るために、再生債権者の書面決議に付さなければならない（民再230条）。半数以上の再生債権者または基準債権額の総額の2分の1を超える債権額を有する再生債権者らが、積極的に書面で不同意の回答をすると、その再生計画は認可されない（同条6項）。

　小規模個人再生における再生計画案に対する再生債権者の不同意は少ないのが実情ではあるが、特定の金融機関などいつも不同意の回答をする債権者が含まれている、再生債権者の数が少ない、不同意の回答見込みの再生債権者の再生債権額が他に比して多いというような場合には、特に注意が必要であり、給与所得者等再生の申立てを検討する。再生債権者は不意を突くように不同意の回答をすることもあり、この点も注意が必要である。

　弁護士としては、受任にあたり、安易に再生計画案の可決・再生計

画の認可を請け負うようなことは厳に慎むべきであり（弁護士職務基本規程 29 条 2 項）、大口債権者が他の個人再生事件においても頻繁に不同意をしていることが明らかな場合に、そのことを説明せずに事件を受任することは適当でない（同条 3 項参照）。

（2）弁済額の違い　給与所得者等再生においては、再生計画案における計画弁済総額が、最低弁済額要件（民再 231 条 2 項 3 号・4 号・241 条 2 項 5 号）および清算価値保障原則（民再 231 条 1 項・174 条 2 項 4 号・241 条 2 項 2 号）に加えて、可処分所得要件（同項 7 号）を満たす必要がある。給与所得者等再生の計画弁済総額が小規模個人再生のそれより高くなるときは、小規模個人再生を選択するというのが一般的といえる。それぞれの基準に当てはめ、両手続における弁済額のどちらが高額になるかを見極めてから手続を選択する必要がある。平均年収が高い、扶養家族数がいないまたは少ない、再生債権の総額が多いなどの事案においては、その判別に特に注意が必要である。

　例えば、扶養家族が少ないときは、同居していなくても、養育費の支払をしている子どもがいないかなど、丁寧に聴き取りをする必要がある。

　また、再生債権の総額が高額である場合は、小規模個人再生手続でも最低弁済額要件に基づく額が高額になることにも注意が必要である。

（3）給与所得者等再生の期間制限に抵触する場合　民事再生法 239 条 5 項 2 号に規定する場合、給与所得者等再生は利用できず、小規模個人再生の申立てを検討せざるを得ない。

①過去に当該再生債務者について給与所得者等再生が遂行されたことがあり、その手続での再生計画認可の決定が確定した日から 7 年以内であること（民再 239 条 5 項 2 号イ）。

②過去に当該再生債務者について民事再生法 235 条 1 項の免責（ハードシップ免責）の決定が確定したときに、その免責の決定に係る再生計画の認可決定が確定した日から 7 年以内であること（同ロ）。

③過去に当該再生債務者について破産手続が行われたときは、破産法252条1項の免責許可決定が確定した日から7年以内であること（同ロ）。

4　可処分所得の算定方法

(1)申立て前の可処分所得算定の検討の重要性　申立て時までに可処分所得の検討が十分でないと、当初の予想以上に可処分所得額が高くなり、再生計画案の作成も困難になりかねない。手続選択にあたり、可処分所得の計算を正確に行っておくべきことは当然である。

(2)可処分所得の算定方法　再生計画案提出前の2年間に5分の1以上の収入の変動がない場合（民再241条2項7号ハ）の可処分所得額（2年分）は、同期間の再生債務者の収入の合計額からこれに対する所得税、住民税および社会保険料（以下「所得税等」という）に相当する額を差し引いた金額を2で除して1年分の収入額を算定し、更に「民事再生法第241条第3項の額を定める政令」（以下「政令」という）により定められた最低生活費（個人別生活費、世帯別生活費、冬季特別生活費、住居費および勤労必要経費の合計）を控除し、さらにその額を2倍して算出する。最低生活費は、再生債務者および被扶養者の年齢や居住地域、被扶養者の数、物価の状況等により算出される（民再241条3項）。

（計算式）

{（2年分の収入－2年分の所得税等）÷2－1年分の最低生活費}×2

これに対して、再生計画案提出前2年間に5分の1以上の収入の変動があった場合（民再241条2項7号イ）または再生計画案提出前2年間の途中で給与所得者等再生の利用適格者となった場合（同号ロ）の可処分所得額（2年分）は、収入額の変動があった時または給与所得者等になった時から再生計画案提出時までの収入の合計額からこれ

に対する所得税等を差し引き、それを1年あたりの金額に換算した額を所得金額の基準とし、そこから最低生活費を差し引いた1年分の可処分所得をさらに2倍して算出する。

(計算式)

｛(Xか月分の収入－Xか月分の所得税等)×12／X－1年分の最低生活費｝×2

※Xは変動事由が生じた時点または利用適格者になった時点から再生計画案提出までの月数

5　可処分所得額算出にあたっての注意事項

(1)可処分所得額算出シート　　可処分所得額に関する書面（民再規136条3項1号）については、可処分所得の適切かつ容易な算出と裁判所による検算の便宜のために、いずれの裁判所でも一般的に可処分所得額算出シートを申立書に添付する取り扱いをしている。

可処分所得額算出シート記載事項は、再生債務者および被扶養者の年齢、同居・別居の別等に加え、①過去2年間の収入合計額、②所得税額、③住民税額、④社会保険料（健康保険料、介護保険料）額、⑤個人別生活費の額、⑥世帯別生活費の額、⑦冬季特別生活費の額、⑧住居費の額、⑨勤労必要経費の額である。

①から④は手取り収入額を算出するため、⑤から⑨は最低生活費の額を算出するためのものである。

債務者代理人としては、その作成に先立ち、被扶養者とすべき対象者、過去2年分の収入合計額（上記①から④）、住居費の額（上記⑧）、勤労必要経費（上記⑨）に関する情報を債務者からの事情聴取や資料収集等によって把握する必要がある。

(2)被扶養者　　被扶養者とすることができる者の基準は、所得税法の控除対象配偶者および扶養親族が一つの目安とされている（民再

241 条 2 項 7 号・3 項および政令のいずれも、被扶養者の具体的な定義をおいていない）が、必ずしもこれに限られない。債務者代理人としては、被扶養者として認定される可能性がある者がいないか検討する必要がある。民事再生法 241 条 2 項 7 号・3 項および政令は、再生債務者との同居を被扶養者の要件としておらず、別居する親族を被扶養者とすることも可能である。

被扶養者の範囲は過去の扶養の実績から判断することになるため、その時期的限界はおおよそ再生計画案提出の時点までとなると考えられる。

可処分所得額算出シートの再生債務者等の年齢欄には、再生計画案提出日以降最初に到来する 4 月 1 日における年齢を記載する（政令 2 条 2 項）。再生計画案提出のタイミングにより、既に提出した可処分額算出シートに記載した年齢と変わる場合には提出し直す必要がある。

(3)過去 2 年間の収入合計、所得税額等　①過去 2 年間の収入合計額、②所得税額、③住民税額、④社会保険料額は、債務者の過去 2 年分の源泉徴収票と課税証明書（市・県民税課税台帳記載事項証明書）または納税証明書に基づき記入する。課税証明書は、取得可能な最新のものを準備する必要がある。

パートタイマー等で給与から源泉徴収されていない場合は、源泉徴収票が交付されておらず、課税証明書等にも非課税と記載されている。この場合は、給与明細や給与振込を受ける通帳などから手取り年収額を算出する。作成の際に参照した資料は、写しを申立書に添付して提出する。

複数の企業に勤めている場合も、支給された給与額を合計して収入を算出する。再生債務者に給与以外の収入（年金や家賃収入、児童手当など）がある場合は、給与に加えそれらの収入を合算する。

民事再生法 241 条 2 項 7 号は、再生債務者の収入のみを挙げており、再生債務者の可処分所得の算出にあたり扶養親族の収入を合算する必要はない。

（4）個人別生活費等　　個人別生活費の額、世帯別生活費の額、冬季特別生活費の額については、主に、政令を参照して記載することになる。

（5）住居費の額　　政令に規定する住居費は、控除できる上限の額となる。現実に負担する住居費がこれより高い場合には、政令に規定する額を控除する。他方、政令に規定する住居費より1年分の家賃が低額となる場合は、その金額を住居費として控除することになる。親族が所有する建物に同居している場合等家賃や住宅ローンの負担をしていないときは、住居費を控除することはできない。

　1年間の住宅ローンの弁済見込総額と家賃支払見込総額については、住宅ローンの返済計画表や建物賃貸借契約書を債務者から入手し、金額を記載する。

（6）勤労必要経費の額　　政令を参照して記載する。勤労必要経費の算出にあたり、政令は、収入を勤労に基づいて得たものに限定している。勤労に基づかない収入は勤労必要経費算出の対象とならないので、誤って勤労必要経費として計上しないように注意する。

6　可処分所得と履行可能性の関係

　可処分所得基準は、計画弁済総額の最低基準であることが重要であり、履行可能性の判断基準ではない。履行可能性は、債務者の生活実態に基づく個別判断であり、その判断の際に収入から差し引く生活費は、当該債務者が実際に必要とする費用である。算出した可処分所得がゼロやマイナスでも、弁済原資を確保できるのであれば、必ずしも再生手続の廃止や再生計画の不認可となるものではない。

　再生債務者の可処分所得の算出にあたり扶養親族の収入を合算する必要はないが、同居の親族の収入を、履行可能性を判断する際に考慮することは可能である。

【 *Answer* 】

Case においては、当初、X は存在しない債権を主張し、小規模個人再生手続の申立てを希望している。相談を受けた弁護士としては、債権の存否についても相談者の話を鵜呑みにせず、資料等にあたり確認することが重要である。再生債務者が、実際には存在しない貸付債権を意図的に債権者一覧表に記載した場合、これによって再生計画案を可決させたときは、信義則違反の行為に基づき再生計画案が可決された場合として、再生計画の不認可事由に該当すると考えられる（最決平成 29・12・19 民集 71 巻 10 号 2632 頁参照）。

個人再生事件の受任を検討するにあたり、大口債権者である Y 社が再生計画案に不同意の回答をする可能性が高いことが判明している場合、安易に小規模個人再生手続申立てを行うことは、受任の際の説明義務（弁護士職務基本規程 29 条）の点から問題がある。X は、債務を整理したいが破産は避けたいとの意向を示しており、本件は、給与所得者等再生の申立てを検討すべき事案であるといえる。

◀ コラム ▶ 債権者集会あれこれ

破産、民事再生、特別清算などでさまざまな債権者集会に臨み、また、任意整理の債権者集会も主催した。その今昔物語である。

二十数年前、ある任意整理の債権者集会のときである。直近の貸借対照表と損益計算書を配布して私が説明を始めたところ、債権者が「本当の財務書類を見せろ」と騒ぎ出した。隣の社長を見ると、下を向いたままである。「この財務書類は本物か」と尋ねると、小さな声で「本物は別にあります」と言う。直ちに、丁寧に謝って債権者集会を中止し、抵抗する社長をなんとか説得して破産の申立てに移行した。社長が提出した書類をそのまま信用したことが敗因であった。

十数年前、ある民事再生の債権者説明会のとき、社長に私が起案した「お詫び」を読ませていたら、「誠意が感じられない」とクレ

ームがついた。極度の緊張を強いられた社長は、お詫び文を棒読みしたうえ、間違いも言ってしまったのである。しっかりとリハーサルをしなかったことが悔やまれた。

　債権者集会というと、「荒れる集会」を想起する人も多い。昔、たちの悪い街金（マチキン）が手形を割り引いていたときは、債権者集会に乗り込んできて大声を出した。会社の人に反社会的勢力の関係者がいるかと事前に聞いても、手形の振出先がどこで割引に出したかまではわからない。また、債権の取立委任を受けた暴力団員風の男が集会に乗り込んできたこともある。そのようなアウトローが来たときのため、債権者集会では紙コップを使う、アルミの灰皿を出すと教えられた。陶製茶碗を投げつけられたり、スチール製灰皿がフリスビーのように飛んで怪我をした弁護士がいたのだそうである。また、ロングランに備え、トイレは必ず済ませておくことも大切である。うっかりこれを忘れた弁護士が、脂汗をタラタラ流したそうである。

　今は、往時ほど債権者集会が荒れることはないと言われるが、それでも暴力沙汰が減っただけで、執拗な追求をする債権者はなくならない。弁護士としては、ひたすら丁寧な対応を心がけるだけであるが、あまりにしつこい債権者がいたので、終了後いくらの債権をもっているのかと社長に聞くと、「あの人の債権は1万円くらいです」という。がっくりしたが、債権者の中には、とにかく目立ちたがりがいることは確かである。

（髙中正彦）

第 **4** 章

その他の手続（特別清算・特定調停・私的整理）

Ⅰ…破産・民事再生以外の手続の活用

Case

　甲信越地方を中心として、介護施設を数か所経営する X 社は、同地方を拠点とする老舗の酒蔵を経営する子会社 Y 社を保有している。Y 社は、近年、若年層の日本酒離れに起因する売上減により、経営難に陥り、X 社からの資金援助なしには事業の維持が不可能な状況にある。X 社の代表取締役と Y 社の代表取締役を兼任している A 社長は、酒蔵の事業を継続させるべきか、廃業すべきか悩んでいるが、「破産」や「民事再生」による信用毀損により、X 社の介護施設事業にまで負の影響を及ぶことは絶対に避けたいと考えている。

• • •

ノボル：A 社長とは元々面識はなかったのですが、親戚の大学時代の同級生ということで相談を受けました。A 社長としても、Y 社の酒蔵事業の継続を目指すか、諦めて廃業すべきか決めかねている様子でした。

兄　弁：一つの会社なり、事業なりをやめるというのは、経営者として簡単な決断ではないからね。ところで、A 社長は、破産や民事再生は絶対に避けたいようだけど、ノボル君には何か妙案があるのかな？

ノボル：Y 社について廃業するのであれば、債務超過なので、破産は避けられないのではないかと思っているのですが……。

兄　弁：例えば、特別清算という方法をとることはできないかな。

ノボル：あー、なるほど。特別清算という方法があることをうっかり失念していました。ただ、確か、特別清算となると、大部分の債権者から同意を得られる見込みが立たないといけないですよね。

兄　弁：そうだね。債権者数やその金額、各債権者の属性・意向などをふまえて、

特別清算という手段を採り得るか、検討する必要があるよ。親会社である X 社が Y 社の債務を肩代わりして返済し、Y 社の債権者が親会社である X 社のみという状況を作るという方法もあり得るかもね。

ノボル：なるほど。大変参考になりました。

兄　弁：Y 社の事業を清算するのではなく、継続させることを目指す場合で、民事再生以外に何か方法は考えられるかな。

ノボル：そうですね、法的手続をとらずに、任意に債権者と交渉をするという方法が考えられるかと思います。

兄　弁：いわゆる私的整理と呼ばれている方法だね。私的整理の中でも、色々な手段があることは知っているかな。

ノボル：はい、あまり詳しくは知らないのですが、一定のルールに従ってなされる準則型の私的整理と、決まったルールに従わずに行われる純粋私的整理があることは知っています。

兄　弁：そうだね。いずれの私的整理を選択するとしても、債権者を金融債権者に限定して、事業の取引先である商取引上の債権者を対象としないことによって、事業価値の毀損を防ぐことができるというメリットがある一方で、対象とする債権者すべての同意が必要という点には留意しておく必要があるよ。

ノボル：はい。ありがとうございます。A 社長と、今後の Y 社の事業の継続を試みるのか、清算させるのか協議した上で、残された事業にできる限り悪影響が生じないように処理していきたいと思います。

Check List

□破産・民事再生以外の手続の活用を検討したか［→ 1］
□各手続の特徴をふまえて、手段を選択しているか［→ 1］
□債権者への事前説明・意向確認をしているか［→ 2］
□当該事案において手続を成立させられる見込みがあるか［→ 2］

[解 説]

1 破産・民事再生以外の手続概要

　会社が、その資金繰りに窮し、債務超過等に陥った際、当該会社の清算型の法的倒産処理として「破産手続」が、再生型の法的倒産処理として「民事再生手続」が、それぞれ挙げられる。

　しかし、「破産」、「民事再生」という法的倒産処理を行うことにより、いわゆる倒産レッテルが貼られ、残存する事業の価値が毀損されてしまうケースも多い。

　そのような場合、以下に紹介するような、「破産」、「民事再生」以外の倒産処理手続を利用することができないかを検討されたい。

(1)特別清算　　特別清算は、株式会社の清算手続の一つであり、①清算の遂行に著しい支障を来すべき事情、または②債務超過の疑いがある場合に、債権者、清算人、監査役または株主の申立てにより、裁判所の命令によって行われる清算手続である（会社510条・511条）。

　特別清算は、破産手続と同様、裁判所の関与の下で行われる清算型の倒産処理手続であるが、破産手続では裁判所に選任された破産管財人が財産の管理・処分の主体となるのに対し、特別清算では、裁判所の関与の下、会社において選任された清算人（解散前の代表取締役が選任されることが多い）が、清算株式会社の機関として、（清算事務の範囲において）引き続き財産の管理・処分の主体となる点が大きく異なる。

　特別清算手続の詳細については、本章 **II** および **III** を参照されたい。

(2)特定調停　　特定調停は、支払不能に陥るおそれのある債務者の経済的再生に資するため、金銭債務に係る利害関係の調整を促進することを目的とし、民事調停の特例として、特定調停法により定められた調停手続である（特調1条）。

　特定調停は、裁判所を介して、債務者と債権者ないし利害関係人とが協議を行う手続であるから、その意味で私的整理手続の一類型ともいえる。

特定調停では、必要に応じて、調停委員会が民事調停法17条に基づく決定をすることができるため、例えば、債権者である金融機関において、債務者の策定した弁済計画に応じることはできないが、あえて民事調停法17条に基づく決定に対する異議申立てまではしない、という場合には利用する意義が存する。

　特定調停手続の詳細については、本章 **IV** および **V** を参照されたい。

（3）私的整理　　私的整理は、破産、民事再生、特別清算等の法的倒産手続によることなく、債務者、債権者その他利害関係人が任意に協議することにより、合意に基づいて、債務者の債務を整理し、その再建もしくは清算を行う手続である。

　私的整理の中には、私的整理ガイドラインや事業再生 ADR のように公表されている準則に従った準則型の私的整理と、そのような準則に基づかないで適宜の方法で行われる純粋私的整理とが存在する。

　私的整理では、法的倒産手続と異なり、①対象債権者を限定することができる点と、②対象債権者すべての同意が必要な点とがその大きな特徴として挙げられる。

　私的整理手続の詳細については、本章 **VI** および **VII** を参照されたい。

2　破産・民事再生以外の手続を選択する際の留意点

　1 に挙げた、破産・民事再生以外の手続を選択することにより、破産・民事再生により生じるデメリットを回避しつつ、事業の清算ないし再生を実施することができる場合が存することは **1** で述べたとおりであるが、これらの手続では、原則として、対象となる債権者の同意を得られなければ、清算ないし再生が完結し得ないという点に留意しておく必要が存する。

　すなわち、特別清算では、その多くの事案において個別和解型が利用されているところ、個別和解型ではすべての債権者からの個別同意が必要とされているし（なお、協定型においては、すべての債権者の同意

は不要であるが、頭数要件と議決権要件を充足する必要が存する）、私的整理においても、対象とする債権者のすべてとの間で合意が成立する必要が存する。

　したがって、これらの手続では、債務者の代理人としては、事前に債権者に対する丁寧な説明・説得を心がける必要が存する。

　特に、破産や民事再生手続を選択した場合と比較して、当該手続を選択した方が、債権者の経済的合理性に資することを、債務者側から説得的に説明し得ることが重要であろう。

【 *Answer* 】

　Y社の事業について、廃業（清算）するのか、継続（再生）を図るのかを検討・決定した上で、特別清算、私的整理等の方法による清算・再生をなし得ることが可能か検討する。

　特別清算、私的整理等の手法を選択する場合には、債権者等に対して説明の上、その意向を確認し、当該手続による清算・再生等が実現可能であるかを吟味した上で、手続を実行することとなる。

II…個別和解型の特別清算

Case

　創業から50年以上、地元に密着して日本酒の製造・販売を
してきた株式会社であるX社は、昨今売上が減少し、親会社
であるY社からの継続的な資金援助なしには資金繰りが回ら
ない状態に陥っている。Y社は、地元で複数の飲食店を展開
している株式会社であり、Y社の意向としては、X社の事業
継続を断念せざるを得ないと考えているが、子会社の破産によ
るイメージや信用の悪化は回避したい。また、Y社としては、
X社に対する債権を貸倒れとして損金処理したいと考えてい
る。

• • •

ノボル：X社とY社から相談を受けていまして、両社ともX社の事業継続は断
　　　　念せざるを得ないけれど、破産は回避したいとのことですので、特別清
　　　　算手続の申立てをしようと考えているのですが、実は特別清算の申立て
　　　　は全く経験がなくて不安でして……。

兄　弁：まず、依頼者が破産を回避したいという希望を有しているとしても、本
　　　　当に特別清算に適した事案かは当然検討したよね？

ノボル：は、はい。債権者の同意が得られる見込みがなければ特別清算ができま
　　　　せんが、Y社がX社の債権者に対して第三者弁済を行えば、X社の債権
　　　　者はY社のみとなりますので、債権者の同意の問題はクリアできます。

兄　弁：ところで、そもそも特別清算を行う前提として、X社を解散する必要が
　　　　あるけれど、解散することについて、株主総会の特別決議による可決の
　　　　見込みは大丈夫なのかな。

ノボル：あ、X社の持株割合や個人の大口株主の存否などを確認していませんで

したので、至急確認しておきます。

兄　弁：解散について、株主総会の特別決議が得られなければ、破産手続を選択
　　　　せざるを得なくなるから気をつけないとね。

ノボル：はい、気をつけます。

兄　弁：ちなみに、特別清算の方法には、債権者集会の多数決議で成立させた協
　　　　定に従って債権者に弁済して残債権を放棄してもらう「協定型」と、協
　　　　定によらずにすべての債権者との間で個別に合意して債権者に弁済して
　　　　残債権を放棄してもらう「個別和解型」とがあることは知っているかな。

ノボル：えっ？　恥ずかしながら、その２種類の区分を意識したことがありませ
　　　　ん。今回は、何となく協定書を作成するものと思っていましたが……。

兄　弁：ノボル君、それはちょっと勉強不足だね。この２種類のいずれを採用す
　　　　るかは事案によるけれど、個別和解型の方が、債権者集会での協定案の
　　　　決議が不要となるので、手続が簡易・迅速で、実務上も個別和解型の方
　　　　が多く利用されているという感覚だね。ただ、債権者が多かったり、債
　　　　権者間に対立がある場合などは、「協定型」を利用することにならざる
　　　　を得ないね。

ノボル：そうでしたか。今回の事案では、債権者は親会社であるＹ社しかいませ
　　　　んので、まずは個別和解型の特別清算を検討したいと思います。

兄　弁：そうだね。ところで、Ｙ社のＸ社に対する債権を放棄するのだろうけれ
　　　　ども、この債権放棄について税務処理はどうなるかわかるかな？

ノボル：税務処理については、あまりよくわかりません……。

兄　弁：債権を放棄するわけだから、税務上、「寄付金」として認定されてしま
　　　　うと、損金算入が認められずに、法人税を多く支払わなければならなく
　　　　なるので、注意が必要だよ。法人税基本通達 9-6-1 というのは聞いた
　　　　ことがあるかな？

ノボル：ありません……。

兄　弁：法人税基本通達 9-6-1 は、「金銭債権の全部又は一部の切捨てをした場
　　　　合の貸倒れ」について定めていて、特別清算によって切り捨てられるこ
　　　　ととなった金銭債権（放棄した債権）について、貸倒れとして損金の額

に算入することができるとされているんだよ。この税務上の損金処理を
したいがために特別清算という手続を行うことが多いので、意識してお
いた方が良いよ。

ノボル：なるほど、そうだったのですね。今後、税務上の観点も意識しておくよ
うにします。

［ 解 説 ］

1　特別清算手続の概要

(1)特別清算手続とは　　特別清算手続とは、株式会社の清算手続の
一つであり、清算手続中の株式会社について、①清算の遂行に著しい
支障を来すべき事情、または②債務超過の疑いがある場合に、債権者、
清算人、監査役または株主の申立てにより、裁判所の命令によって行
われる清算手続のことである（会社 510 条・511 条）。

　なお、特別清算手続は、株式会社についてのみ認められた会社法上
の手続であり、株式会社以外の法人については、申し立てることがで
きない。

　特別清算手続では、裁判所の監督下において、清算株式会社が選任

した清算人が清算事務を行い、債務超過を解消して清算手続を結了させるために、各債権者との間で個別に弁済方法および債権放棄に関する和解を行うか（これを「個別和解型」という）、債権者集会の決議によって弁済方法および債権放棄に関する協定を行う（これを「協定型」という）必要がある。協定案を可決する債権者集会の決議には、出席した債権者の過半数（頭数要件）、および議決権者の議決権の総額の3分の2以上（議決権要件）の同意を得る必要がある。なお、特別清算手続の具体的な流れについては、本章 **III** の解説を参照されたい。

（2）特別清算の開始原因　　特別清算の開始原因は、当該清算株式会社について、①清算の遂行に著しい支障を来すべき事情があること、②債務超過の疑いがあること、のいずれかの事由が認められることである。

　ただし、以下の事由があると認められるときには、特別清算開始の命令をすることができない（会社514条）。

　　①特別清算の手続の費用の予納がないとき。

　　②特別清算によっても清算を結了する見込みがないことが明らかであるとき（債権者の同意が得られる見込みがないことが明らかな場合等）。

　　③特別清算によることが債権者の一般の利益に反することが明らかであるとき（清算価値保証原則に抵触する場合等）。

　　④不当な目的で特別清算開始の申立てがされたとき、その他申立てが誠実にされたものでないとき。

　なお、特別清算手続は、清算手続の一つであるから、その前提として、通常清算手続の開始原因（その典型例としては解散）が発生している必要があり、株主総会決議による解散には特別決議が必要であることには注意を要する（会社471条・309条2項11号）。

2　手続を選択する上での留意点

（1）破産手続との相違　　特別清算手続は、破産手続と同様、裁判所

の関与の下で行われる清算型の倒産処理手続の一つであり、債務超過である株式会社を法的に清算しようとする場合、当該会社は、破産手続と特別清算手続のいずれかを選択することとなる。

　破産手続においては、裁判所に選任された破産管財人が財産の管理・処分の主体となるところ、特別清算手続においては、裁判所の監督の下、清算株式会社において選任された清算人が清算株式会社の機関として引き続き清算事務を行うこととなる。

　また、破産手続においては、破産管財人による否認権行使や債権調査を経た配当手続が予定されているが、特別清算手続においては、否認制度や債権調査制度は存在しない。

　さらに、破産手続を結了させるためには、債権者の同意が不要であるのに対し、特別清算手続においては、清算を結了させるために、各債権者との間で個別に弁済方法および債権放棄に関する和解を行うか、債権者集会の決議により弁済および債権放棄に関する協定を行う必要があり、債権者の協力なしには、清算を結了させることができない。

（2）特別清算手続のメリット　　(a) 清算人が清算事務を行うことができる　　特別清算手続では、清算株式会社において選任された清算人（解散前の代表取締役等）が原則としてそのまま清算人として清算事務を行うことができるため、従前の事業との連続性を維持したまま、清算結了に向けた換価作業等を進めることができる。

　(b) イメージ悪化の回避　　特別清算手続は、破産手続と比べて、一般的に「倒産」という負のイメージが弱いといわれており、「破産」による関係会社や代表者個人のイメージや信用の悪化を回避することができる。

　(c) 簡易・迅速な手続　　特別清算手続は、破産手続と比べて、申立費用が比較的安価であり、手続も厳格ではないため、簡易・迅速に手続を完了させることができるという点もメリットとして挙げられる。

　(d) 税務上の損金処理　　特別清算手続を採ることによって、親会社が子会社に対する債権を放棄した場合、これを税務上、貸倒れとし

て損金処理を行い得ることになることもメリットである。すなわち、債権を放棄したことが税法上の「寄付金」に該当すると判断された場合、損金算入が認められないが、「金銭債権の全部又は一部の切捨てをした場合の貸倒れ」について定める法人税基本通達 9-6-1 には、特別清算に係る協定の認可の決定があった場合において、この決定により債権放棄されることとなった金額については貸倒れとして損金の額に算入するとされている。同通達の文言上、損金算入を認めることとして明記しているのは協定型の特別清算であるが、実務上の解釈においては、原則として個別和解型の特別清算においても貸倒れとしての損金算入が認められており、個別和解型の特別清算を実務上「対税型の特別清算」と呼ぶこともある。ただし、特別清算手続を採ったとしても、清算会社において財務および収益の改善が見込まれる等の事情により、債権が回収不能であったとは言い難い場合等においては、貸倒れとしての損金処理が税務上認められないケースも存するので（東京高判平成 29・7・26 週刊税務通信 3474 号 10 頁）、事前に税理士等の税務の専門家への相談は必要不可欠である。

(3)特別清算手続の申立て前の留意点　　(a) 清算価値保証原則

「特別清算によることが債権者の一般の利益に反することが明らかであるとき」は、特別清算の開始命令をすることができないとされているため（会社 514 条 3 号）、特別清算手続を申し立てるにあたっては、破産手続によるよりも、特別清算手続による方が債権者一般にとって利益となる必要がある（清算価値保証原則）。したがって、特別清算の申立て前には、必ず、清算価値保証原則を充足する個別和解案ないし協定案を作成することができる見込みが存するかを確認する必要がある。

　例えば、清算会社が特別清算の申立て直前に特定の債権者に多額の弁済を行っており、破産管財人による否認権行使がなされれば、多額の財団形成が見込まれるような場合には、破産手続による方が債権者に多くの配当がなされるため、特別清算によることは、清算価値保証

原則に反することとなる。

(b) 解散する旨の特別決議　特別清算を申し立てる場合、その前提として、株式会社を解散する必要があり、株式会社の解散には株主総会の特別決議を要する（会社471条・309条2項11号）。したがって、大口株主が株式会社の解散に反対していて株主総会の特別決議による可決の見込みがない場合や、そもそも株主総会の招集が困難な事情が存する場合などは、特別清算による会社の清算を行うことができない（その結果、破産手続の申立てを検討せざるを得ない）ことには留意が必要である。

(c) 債権者の同意の見込み　特別清算の結了のためには、個別和解型であれば、各債権者との間で和解を成立させる必要があり、協定型であれば、債権者の過半数かつ議決権の3分の2以上の債権者の同意を得て協定を可決させる必要がある。これらの債権者の同意が得られない場合、特別清算の開始決定がなされたとしても、その後、裁判所の職権で破産手続の開始決定がなされるため（会社574条）、特別清算を申し立てるにあたっては、事前に債権者に十分に説明の上、債権者の協力を取り付けておく必要がある。特に、メインバンクに対する事前説明は必須であり、この過程を経ずに申立てに及んだ場合には、清算手続においてメインバンクの協力を得ることは極めて困難となる。なお、東京地方裁判所民事第8部では、特別清算開始の申立時の添付資料として、債権者の申立同意書の提出を求めている。

(4) 個別和解型か協定型か　特別清算手続のうち、個別和解型と協定型のいずれのタイプを選択するかについては、事案ごとに判断することとなるが、個別和解型であれば、協定型において求められる協定案を可決するための債権者集会を開催する必要がないので、手続としては、協定型に比較してより簡便であり、「目立つことなく廃業させたい」という代表者のニーズを叶えやすいといえよう。実務上においても、件数としては個別和解型の方が多く、特に債権者が親会社や代表者、その親族のみである場合等、全債権者の同意を得やすいときに

は、まずは個別和解型による特別清算をなし得るか検討することとなるケースが多いものと考えられる。

[*Answer*]

　Case では、X 社の債権者が親会社である Y 社のみとすることができ、債権者の同意を得られる事案であるから、会社を清算させる手続としては、破産手続ではなく、まずは特別清算手続という選択肢を採り得ないか検討すべきであろう。

　特別清算を行う前提としては、X 社を解散させなければならないが、解散については株主総会の特別決議が必要となるため、事前に大口株主の意向を確認する等、特別決議の見込みを確認しておく必要がある。

　また、個別和解型の特別清算を行う主な目的の一つとして、債権者である親会社が放棄した債権について、貸倒れとして損金処理を行うことが挙げられるが、事案によっては、個別和解型の特別清算によったとしても、税務上の損金処理が認められないケースも存在するので、損金処理の可能性については、事前に税理士等の税務の専門家への確認が必須である。

III … 協定型の特別清算

Case

X 社は、創業から 70 年以上の旅館を経営しており、旅館の料理が好評であったことから、20 年前に、そのグループ企業として、飲食店を経営する Y 社を立ち上げた。現在では、Y 社は複数の飲食店舗を地元で経営しており、売上も右肩上がりであるが、旅館の利用客が減少し、X 社の資金繰りが逼迫した状態である。X 社と Y 社の代表取締役を兼務している A としては、X 社が経営する旅館を閉館し、X 社を清算させたいが、これにより Y 社が経営する飲食店の評判が低下することを避けたいと考えている。

X 社を特別清算により清算させることについては、メインバンクを始めとする多くの債権者から賛同を得られる見込みであるが、一部のノンバンク系金融機関からは反対されている。

● ● ●

ノボル：先日、はじめて特別清算の案件を担当し、何とか清算結了まで至ったと思ったら、今回、新たな特別清算の案件が舞い込んできました。

兄 弁：ほー、それはよかったね。似たような案件が舞い込んでくるというのは、もちろん偶然の要素もあると思うけど、前回の案件の経験をふまえて、ノボル君の頭の中に「特別清算」という選択肢がインプットされているから、というのも大きな理由の一つだと思うよ。「会社を廃業させる＝破産」という固定観念をもっている弁護士も結構いるからね。

ノボル：ありがとうございます。ところで、前回は、債権者が親会社のみであったため、いわゆる個別和解型の特別清算を申し立てたのですが、今回は、特別清算について反対している債権者がいるので、協定型の特別清算を

申し立てようと思っています。

兄　弁：特別清算に反対している債権者からは、反対の理由は聞いているのかな。過去に私が担当した事案では、特別清算の方が、破産手続と比べて、申立費用も低廉に抑えることができるし、結果的に債権者に対する配当も多くなるという説明を丁寧にしたところ、反対していた債権者が賛成に転じてくれたこともあったけど、ノボル君から反対している債権者に説明や説得はしたのかな。

ノボル：反対している債権者には電話で説得を試みたのですが、十分に私の説明した趣旨が理解されなかったのか、「破産」以外は認めないと言われてしまいました……。

兄　弁：なかなか電話だけでは真意や誠意が伝わらないこともあるので、反対している債権者に面談の申し込みをしてみたらどうかな。ノボル君はまだ若いんだし、足を使わなくちゃ！

ノボル：す、すみません。早速面談のアポをとってみます。

兄　弁：債権者が反対している事情によっては、債権者の大部分からの同意の見込みが得られているとしても、特別清算を申し立てるのが相応しくない場合もあると思うけど、どのような場合に、特別清算の申立てを回避した方が良いかわかるかな。

ノボル：そうですねぇ。例えば、清算直前に一部の債権者にのみ弁済がなされていて、否認権行使が問題となりそうな案件は特別清算ではなく、破産手続の方が適していると思います。

兄　弁：そうだね。特別清算手続には、破産手続のような否認制度がないから、そのような場合は破産手続を選択して、裁判所から選任される破産管財人に否認権行使などの処理を任せるべきだろうね。他にも、会社が役員に対して損害賠償責任を負っている場合などは、従前の役員を清算人とする特別清算手続では、事実上回収が期待できないから、債権者を害することになりかねないので、このような場合も破産手続を選択した方が望ましいと思うよ。

ノボル：なるほど。大変勉強になります。そのような観点からも、事情をよく確

認して特別清算の申立てをするかどうか決めたいと思います。場合によっては、依頼者に破産手続をすすめざるを得ないこともあるわけですね。

兄　弁：うん。場合によっては当初の依頼者の意向に反することも出てくるかもしれないけど、そこは丁寧に説明するしかないね。ところで、協定型の特別清算を申し立てて、万が一、債権者集会で協定案が否決されてしまった場合、どうなってしまうかは知っているかな。

ノボル：はい。最悪の場合、裁判所が職権で破産手続開始決定をしてしまいます。

兄　弁：そうだね。まあ、そうならないように事前に債権者、特にメインバンクには十分に説明して同意を得ておくのだけれど、予想外のことが起きないとも限らないからね。ただ、一度、協定案が否決されてしまったとしても、そこで諦めてしまうのではなく、再度、債権者と協議を重ねて協定案の再提出をするくらいの対応は当然必要だよ。

ノボル：はい。まずは、そうならないように万全の準備をしようと思います。

Check List

□債権者の反対理由を検討したか［→ 3］
□清算価値保障原則を満たす協定案を作成できる見込みがあるか［→ 1(5)、3］
□協定案につき、債権者集会で頭数要件・議決権要件を満たすか［→ 1(5)、3(2)］

［ 解 説 ］

1　協定型の特別清算の流れ

(1)解散・清算人選任　　会社は、株主総会を招集して、解散の特別決議、清算人の選任を行う。そして清算会社は、解散決議後、遅滞なく、債権者に対し、一定の期間内（2か月以上必要）にその債権を申し

出るべき旨を官報に公告し、かつ、知れている債権者には、各別にこれを催告しなければならない（会社 499 条 1 項）。

（2）特別清算開始の申立て　　原則として、清算会社の本店所在地を管轄する地方裁判所に特別清算開始の申立てを行う（会社 868 条 1 項）。

なお、東京地方裁判所民事第 8 部の運用では、手続費用は以下のとおりである（ただし、総債権額の 3 分の 2 以上の債権者から申立同意書が提出されない場合等、事案によっては、更に、負債総額に応じた破産予納金相当額が必要となる場合がある）。

　　①申立手数料　2 万円

　　②予納郵券　　協定型 624 円、個別和解型 532 円

　　③予納金　　　協定型 5 万円、個別和解型 9458 円

（3）特別清算開始決定　　特別清算開始の要件が具備されていれば、申立てから 1 週間〜10 日程度で特別清算開始決定（会社 510 条）が発令されることが多い。裁判所が必要と認めるときは、裁判所が監督委員（会社 527 条 1 項）、調査委員（会社 533 条）を選任することもできる。

（4）清算事務の遂行　　特別清算開始決定が発令された場合、清算人は、債権者、清算会社および株主に対して、公平かつ誠実に清算事務を行う義務を負う（会社 523 条）。

清算人は、その就任後遅滞なく、清算会社の財産の状況を把握し、財産目録および貸借対照表（以下「財産目録等」という）を作成し、清算株主総会に提出の上、承認を受けなければならない（会社 492 条 3 項）。承認を受けた財産目録等については、遅滞なく裁判所に提出しなければならない（会社 521 条）。また、清算人は、裁判所に対し、毎月、清算事務および財産の状況に関する月次報告書を提出しなければならない。

（5）協定案決議のための債権者集会　　清算会社は、債権者集会に対し、協定の申出をすることができると定められており（会社 563 条）、債務の全部または一部の免除および弁済方法を定めた協定案を債権者

集会に提出する。債権者集会において、出席債権者の過半数（頭数要件）、および議決権者の議決権の総額の3分の2以上（議決権要件）の同意を得た場合、協定は可決される。

　なお、実務上は、債権者集会を開催する前に、清算人は、債権者に対して協定案を示した上で説明を行い、債権者の事前の同意を得られるよう努めるのが通常であろう。

（6）協定認可決定・終結　　債権者集会において協定が可決された場合、清算会社は遅滞なく、裁判所に対して、協定の認可の申立てをしなければならない（会社568条）。裁判所は、法定の不認可事由がなければ、協定の認可を決定する（会社569条1項）。

　認可決定をしたときは、裁判所は、直ちに、その旨公告をする必要があり（会社901条3項）、認可決定に対しては、官報公告の翌日（会社885条2項）から2週間を期間として、即時抗告ができるとされている（会社901条4項）。

　抗告期間の経過により認可決定が確定すると、協定の効力が発生し、清算会社は協定の内容に従って、協定を実行しなければならない。協定の内容を実行して特別清算が結了した場合には、裁判所は、清算人等の申立てにより（通常は、弁済完了報告書等を添付して申し立てる）、特別清算終結の決定をする（会社573条）。特別清算終結の決定が確定すると、裁判所の嘱託により特別清算終結の登記がなされる。

2　破産手続への移行

（1）義務的な破産手続開始事由　　特別清算を開始した清算会社であっても、以下の場合において、破産手続開始の原因となる事実があるときは、裁判所は、職権で破産手続の開始決定をしなければならないと定められている（会社574条1項）。

　　①協定の見込みがないとき。

　　②協定の実行の見込みがないとき。

　　③特別清算によることが債権者の一般の利益に反するとき。

（2）裁量的な破産手続開始事由　　また、以下の場合において、破産手続開始の原因となる事実があるときは、裁判所は、職権で破産手続の開始決定をすることができると定められている（会社574条2項）。

　　①協定が否決されたとき。

　　②協定の不認可の決定が確定したとき。

3　一部債権者が反対している場合

（1）個別和解型か協定型か　　一部債権者が特別清算に反対している場合、債権者全員の同意を前提とする個別和解型の特別清算手続を選択することは不可能であるから、清算をしたい債務超過状態の会社としては、協定型の特別清算の申立てを選択するか、破産手続を選択することとなる。

（2）頭数要件と議決権要件　　**1（5）**に記載したとおり、協定の認可決定を得るためには、協定案について、債権者集会において、出席債権者の過半数（頭数要件）、および議決権者の議決権の総額の3分の2以上（議決権要件）の同意を得る必要があるため、一部の債権者の反対により、この要件を満たすことができない可能性が高い場合には、破産手続を選択せざるを得ない。

（3）否認対象行為等の不存在　　特別清算手続には、破産手続と異なり、否認制度や債権調査制度が存在しないため、破産管財人による否認権行使により財団が形成され得る事案や、債権者との間で債権の存否や金額について争いが存する事案については、特別清算手続を選択すべきではない。

（4）役員責任の追及　　特別清算手続においては、原則として、取締役がそのまま清算人として選任されるため、会社が取締役に対する責任追及をすべき事案についても特別清算手続にはなじまない。

（5）債権者の同意の重要性　　一部の債権者が反対している場合に特別清算手続を活用することができるケースは、少額の債権を有する少数の債権者が反対している場合等に限定されるので、特別清算を申し

立てるにあたっては、原則として、事前にすべての債権者からの同意を得られるよう努めることとなる。

【 *Answer* 】

Case では、一部の債権者が特別清算に反対している。特別清算手続は、債権者の同意を要する手続であるから、債権者の反対理由を確認した上で、特別清算になじむ事案であるか否かを検討する必要がある。

その上で、代理人として特別清算に適した事案であると判断した際には、反対債権者に対する丁寧な説明・説得をする等、事前に債権者の賛成を得られるよう努める必要がある。

一方、破産管財人による否認権行使が全債権者の利益につながる等、破産手続に適した事案であると代理人が判断した事案においては、代表者に対して、特別清算手続ではなく、破産手続を選択するように進言すべきである。

◀ コラム ▶ 再建型特別清算？

特別清算は、破産と並ぶ清算型倒産処理手続である。しかし、これを事業の再生のために活用することがある。

ある著名企業グループ内の子会社の業績が低迷したり不祥事が発生したりして事業閉鎖を迫られた場合、直ちに破産というわけにはいかない。破産となれば、その企業グループ全体の信用は根底から崩れてしまうからである。一昔前は、その経営不振の子会社の株式全部をグループ内の親会社が買い取って債権者に対する弁済資金を融通し、労働者については関連会社で再雇用することとして、グループの信用を守った。しかし、今や、そのような丸抱えの救済策を採用すると、救済をした親企業の株主総会で投資家株主からの厳しい質問攻めに遭いかねない。そこで、登場してくるのが、再建型特別清算である。

どうやるかといえば、清算対象の子会社の生き残り事業の受け皿会社を探し出し、事業譲渡契約を締結する。そして、小口債権者に対しては、売掛金や在庫商品の換価代金等の手元流動資産をもって弁済を行う（あるいは親会社が買い取る）。残るのは、金融機関と大口債権者のみとなるが、担保権を有する金融機関については、担保物件を任意で高価に売却して被担保債権の弁済に充てるほか、事業譲渡代金（その中にはのれん代が含まれる）をもって担保割れ債権に対する弁済を行う。また、大口債権者に対しても、事業譲渡代金をもって弁済を行う。当然、全額の弁済はできないから、未弁済分は免除してもらう。解散決議をいつ行うか、特別清算の申立てをどの時点で行うか、事業譲渡は裁判所の許可で行うか等は、ケースバイケースとなる。

　この手続を成功させる鍵は、事前にスキームを金融機関と大口債権者に説明しておくこと（寝耳に水とはしない）、受け皿会社への事業譲渡代金にはのれん代を含ませ、破産配当よりも有利にしておくこと、特別清算の税務上のメリット（貸倒損失の計上と債権償却特別勘定の設定）を強調することであろう。

　上場企業は、経営不振のグループ子会社を整理するとき、「新聞に出ないように人知れず処理してほしい」と依頼するのが通例である。再建型特別清算はその要望にぴったりなのである。（髙中正彦）

IV…特定調停

Case

　個人事業（土建業）を営むXは、体調を一時期崩してしまった影響もあり、売上が減少し、その結果、地元のA信用金庫への返済を3か月遅滞してしまった。A信用金庫は、Xの自宅兼事務所に設定していた抵当権を実行し、強制競売手続開始決定がなされた。Xの体調は回復し、来月以降、新規の大口顧客からの入金も見込まれる状況となった。Xとしては、自宅兼事務所を維持したまま業務を継続したいが、Xが直接A信用金庫の支店担当者への交渉を試みても、既に管理部門の管轄に移行しているので何ともならない等と言われ、取り合ってもらえていない。

• • •

ノボル：親戚からの紹介で相談を受けた案件なのですが、Xから話を聞いてみたところ、今後の資金繰りの目途はある程度立ちそうなので、金融機関の方で従来と同じような分割返済を認めてくれれば、何とかなりそうなのですが、強制競売手続が相当程度進行してしまっていて、この対応に苦慮しています。

兄 弁：ノボル君の方からA信用金庫と直接折衝はしてみたのかな。

ノボル：はい。私から、分割弁済の提案をし、強制競売の取下げを要請したところ、A信用金庫としては、強制競売の手続が係属している以上、これにより回収可能と考えられる金額程度の一時金の弁済がなされなければ、強制競売の取下げに応じることはできないとのことでした。

兄 弁：一時金の用意は現実的に難しいのかな。

ノボル：はい、Xが金策に奔走しているのですが、現実的には自宅兼事務所を売

却しなければ難しい状況です。私としては、Xに対し、自宅兼事務所を維持することは諦めて、できる限り高額で任意売却するよう説明しようかと思っています。

姉　弁：さっきから話を聞いていたけれど、ノボル君、ちょっと諦めるのが早すぎるような気がするわよ。

ノボル：そ、そうですか？　期限の利益を喪失してしまっている以上、Ａ信用金庫が取下げをしてくれない限り、自宅兼事務所の強制競売手続は止められないですし、私が交渉した限りでは、多額の一時金の支払なしにＡ信用組合が取下げに応じてくれる可能性はないと思います。

姉　弁：任意の話合いではそうかもしれないけれど、裁判所の手続を利用する方法はどうかしら。強制競売手続の停止が認められたり、Ａ信用金庫による柔軟な対応もなされる可能性が出てくる手続があるようにも思うのだけれど、何か思いつかない？

ノボル：……。あ、特定調停手続ですか!?

姉　弁：そうね。特定調停手続を利用すれば、自宅の強制競売手続について、特定調停手続が終了するまでの間、執行の停止が認められる可能性があるし、裁判所を介した手続だから、債務のリスケジュールなど、Ａ信用金庫の姿勢が柔軟化する可能性もあるから、やってみる価値はあると思うわ。

ノボル：ありがとうございます。早速Xと打ち合わせて、特定調停の申立てを検討したいと思います。

姉　弁：ちなみに、特定調停の申立てだけでは、強制競売手続は止まらないから、必ず、特定調停の申立てとは別に、執行停止の申立てを行うことを忘れないようにね。

ノボル：わかりました。自宅兼事務所を残した形での再建を図るため、もう少しがんばってみようと思います。

Check List

□任意交渉のほか、特定調停等の裁判所を介した手続の利用を
　検討したか〔→ 1〕

□公正かつ妥当で経済的合理性を有する調停条項案の作成が可
　能か〔→ 1(2)、2(4)〕

□債権者の同意（消極的な同意も含む）を得られる見込みがある
　か〔→ 2(1)(4)〕

〔 解 説 〕

1　特定調停手続の目的・特徴

(1)目的　　特定調停手続は、支払不能に陥るおそれのある債務者の
経済的再生に資するため、金銭債務に係る利害関係の調整を促進する
ことを目的とし、民事調停の特例として、特定調停法により定められ
た手続である（特調1条）。

　したがって、特定調停手続については、特定調停法および特定調停
手続に定めのない事項については、民事調停法および民事調停規則の
定めが適用される。

(2)特徴　　(a) 特定調停法による定め　　(i)公正かつ妥当で経済的合
理性を有する調停条項　　特定調停は民事調停の一種であるから、当
事者双方が合意し、その内容が調停調書に記載されることによって調
停が成立するが（民調16条）、手続の目的が債務者の経済的再生に資
することにあるため、調停条項の内容について、公正かつ妥当で経済
的合理性を有することが求められる（特調15条・17条2項）。

　したがって、仮に当事者間において調停条項の内容について意見の
一致がみられたとしても、その内容が公正かつ妥当で経済的合理性を
有するものと認められない場合には、調停委員会は、調停不成立とし

て事件を終了させることができるとされている（特調18条）。

　　(ii)当事者の責務等　　特定調停の当事者は、調停委員会に対し、債権または債務の発生原因および内容、弁済等による債権または債務の内容の変更および担保関係の変更等に関する事実を明らかにしなければならないと定められている（特調10条）。

　上記責務は、申立人のみならず、相手方たる債権者も負うものであり、これにより、特定調停手続における弁済計画の策定を的確かつ迅速に行うことが可能となる。

　　(iii)民事執行手続停止の制度　　特定調停手続においては、裁判所は、事件を特定調停によって解決することが相当であると認めた場合には、特定調停の成立を不能にしもしくは著しく困難にするおそれがあるとき、または特定調停の円滑な進行を妨げるおそれがあるときは、当事者の申立てにより、特定調停が終了するまでの間、担保を立てさせて、または立てさせないで、特定調停の目的となった権利に関する民事執行の手続の停止を命ずることができると定められている（特調7条1項本文）。

　民事調停においても、民事調停規則5条に基づく民事執行手続停止の制度が定められているが、民事調停規則5条は、「裁判及び調書その他裁判所において作成する書面の記載に基づく民事執行の手続」について停止制度の対象外としている。一方、特定調停においては、これらの手続も停止制度の対象とされているため、判決や裁判上の和解に基づく強制執行についても停止が認められる可能性がある。

　なお、特定調停の申立てのみでは、民事執行手続停止の申立てがなされたこととはならないため、民事執行手続停止を求める場合には、必ず、その旨の申立てを行う必要があることには留意されたい。

　　(iv)調停委員会作成の調停条項案による解決　　特定調停では、申立人から提出された調停条項案による解決が見込まれない場合であっても、調停委員会から調停条項案を提示して調整を図ることができる。

　調停委員会からの提示については、調停委員会案として単に当事者

に提示する方法（特調 15 条）のほか、一方当事者の書面による受諾により調停を成立させる方法（特調 16 条）や、双方当事者が共同で調停委員会の調停条項に服する旨を記載した書面による申立てをして調停委員会作成の調停条項が当事者に告知されることにより合意が成立したものとみなす方法（特調 17 条）等が存在する。

(b) 民事調停法 17 条に基づく決定　　特定調停は、民事調停の一種であるから、裁判所は、調停委員会の調停が成立する見込みがない場合において相当であると認めるときは、当該調停委員会を組織する調停委員の意見を聴き、当事者双方のために衡平に考慮し、一切の事情をみて、職権で、当事者双方の申立ての趣旨に反しない限度で、事件の解決のために必要な決定（いわゆる 17 条決定）をすることができる（民調 17 条）。

17 条決定は、当事者が告知を受けてから 2 週間以内に異議の申立てをした場合にはその効力が失われるものである。もっとも、特定調停の相手方たる債権者としては、立場上、積極的に債務者の策定した弁済計画に応じることはできないが、裁判所による 17 条決定がなされれば、あえて当該決定に対して異議申立てはしない、という場合もあり、実務上も 17 条決定が活用される場面は相当数存する。

2　特定調停手続の流れ

(1)事前協議　　特定調停手続においては、法令上、当事者間における事前協議が申立ての要件とはされていないが、通常は、債務者と金融債権者との間で一定程度の事前協議がなされた上で、特定調停の申立てがなされることが多い。事前協議がなされることによって、裁判所における具体的な協議が第 1 回期日からなされることが期待され、事案の適切かつ迅速な処理に資するため、債務者代理人としては、特定調停の申立て前に、金融債権者との間で事前協議をすべきである。

(2)申立て　　特定調停の申立てを行うことができる者（特定債務者）は、金銭債務を負っている者であって、①支払不能に陥るおそれのあ

るもの、もしくは②事業の継続に支障を来すことなく弁済期にある債務を弁済することが困難であるもの、または③債務超過に陥るおそれのある法人であるとされている（特調2条1項）。

申立人は、すべての債権者を相手方とすることも可能であるし（ただし、金融債権者を相手方とすることが一般的である）、一部の債権者のみを相手方とすることも可能であるが、租税債権者は、民事に関する紛争に該当しないため（民調1条）、相手方とすることができない。なお、一部の債権者のみを相手方としても、調停条項は公正かつ妥当で経済的合理性を有する内容のものでなければならず、他の債権者と比べて著しく有利な条件での調停条項は許されないと解されており、そのため、特定調停の結果に利害関係を有する関係権利者は手続に容易に参加することができる。

また、管轄については、相手方の住所、居所、営業所・事務所の所在地を管轄する簡易裁判所または当事者が合意で定める地方裁判所もしくは簡易裁判所が裁判管轄であるとされているが（特調22条、民調3条）、同一の申立人にかかる複数の債権者についてはできる限り事件を併合して行わなければならないため、裁判所は、管轄を有していなくとも、事件処理のために適当であると認めるときは、事件を他の管轄裁判所に移送しまたは自ら処理することができる（特調4条）。

(3) 調停期日　特定調停の申立てがなされると、裁判官1名と民事調停委員2名以上により構成する調停委員会が組織され（民調6条・7条1項）、民事調停委員については、裁判所が、事案の性質に応じて必要な法律、税務、金融、企業の財務、資産の評価等に関する専門的な知識経験を有する者を指定する（特調8条）。

期日の進め方については、事案の内容や各裁判所の運用によって異なるが、通常は、最初に申立人から調停委員会が事情を聴取する事情聴取期日を開き、その後、相手方と債務額の確定や返済方法を調整する調整期日が開かれる。その後の期日については、おおむね1〜2か月以内に開催されることが通常である。

当事者は、調停委員会に対し、債権または債務の発生原因および内容、弁済等による債権または債務の内容の変更および担保関係の変更等に関する事実を明らかにしなければならず、また、調停委員会は、必要がある場合には、当事者または参加人に対して事件に関係のある文書や物件の提出を求め、または職権で事実の調査や証拠調べをすることができる（特調12条・14条）。

(4) 手続の終了　　申立人から調停条項案が提出されると、調停委員会において、調停条項案の内容が、公正かつ妥当で経済的合理性を有するものであるかどうかの調査がなされ、関係権利者との間の意見調整が行われる。

その上で、調停条項案が公正かつ妥当で経済的合理性を有するものであり、かつ関係権利者も同意する場合には調停が成立し、裁判所は、裁判上の和解と同一の効力を有する調停調書を作成することとなる。

また、当事者双方が書面により調停委員会が定める調停条項に定める調停条項に服する旨の申立てをしたときには、調停委員会から事件の解決のために適当な調停条項を定めて、当事者双方に告知することで当事者間の合意が成立したものとみなすことができる（特調17条）。

さらに、調停条項案について、関係権利者から積極的な同意が見込まれない場合であっても、積極的には特定調停による事案の解決に反対して法的倒産手続による処理を求めない場合等においては、裁判所による民事調停法17条の決定による解決が図られることも多い。

〖 *Answer* 〗
Xの代理人として、A信用金庫に対して、債務のリスケジュール、強制競売手続の取下げを要請する。

話し合いの手段として、特定調停手続を申し立て、同時に特定調停法7条に基づく民事執行手続停止の申立てを行う。

そのうえで、特定調停手続の中で、公正かつ妥当で経済的合理性のある調停条項案を作成し、A信用金庫からの同意を得ることを目指す。

Ⅴ…特定調停の活用方法（特定調停スキームを利用した事業再生）

> **Case**
>
> 　X 社は、スマホ用のアプリの開発を行う株式会社で、現在の従業員数は 6 名、創業者でもある代表取締役 A が株式を 100% 保有している。直近 3 期は、営業黒字が継続しているものの、金融債務の利息支払後の経常利益はわずかであり、元本の返済は困難な状況である。A としては X 社の事業継続を希望しているが、X 社の金融債務について連帯保証をしており、自らの保証債務についても整理したいと考えている。

●●●

ノボル：親戚からの紹介で、X 社の代表者である A から相談を受けることとなりました。とりあえず、私が X 社と A の代理人として、金融機関との間で、元本弁済の据置き等を求める任意の交渉を始めたのですが、難色を示されていまして……。

兄　弁：金融機関は具体的にはどのような金融機関で、何社くらいあるのかな。

ノボル：メインの借入先である B（信用金庫）と、サブの借入先である C（地方銀行）と政府系の金融機関である D で、B の借入れの一部と C の借入れの全額に関しては信用保証協会の保証が付いています。

兄　弁：なるほど。X 社が倒産してしまったら、一番困るのはメインの借入先である B だと思うけど、B は X 社の事業再生のために積極的に動いてくれないのかな。

ノボル：残念ながら、現状は、積極的に動いてくれない状況でして、どうやら B の担当者としても、法的な手続に至っていない状況では、上司を説得することが難しいようなのです。

兄　弁：そうすると、逆に法的な手続をとれば、B の協力を得られる可能性もあ

るんじゃないかな。中小企業の事業再生を図るために、裁判所の特定調停手続を利用するスキームを日本弁護士連合会が策定したことは知っているかな。

ノボル：いや、全く知りませんでした。

兄　弁：日本弁護士連合会のホームページでスキームの手引き等が公開されているから、詳しいことはこれを確認してほしいんだけれど、このスキームを利用することができれば、Ｘ社と併せて代表者Ａの連帯保証債務についても整理することができる可能性があるよ。

ノボル：そうなんですね。早速確認した上で、検討してみます。ただ、今回のように信用保証協会の保証付きの貸付がある場合でも利用することができるのでしょうか。

兄　弁：もちろん、信用保証協会との間でも事前協議をしておく必要があるけれど、利用することは可能だよ。信用保証協会が代位弁済をする前であれば、特定調停手続には、信用保証協会を利害関係人として参加させるという方法もあるよ。

ノボル：ありがとうございます。信用保証協会の保証付き債権があっても利用できる余地があるのであれば、検討してみたいと思います。

兄　弁：あと、このスキームは、事前にすべての金融債権者から同意の見込みを得られる状況を作っておかなければならないから、そのような状況に持っていけるよう、Ｘ社の経営改善計画をしっかりと作成することが肝要だね。

ノボル：わかりました。早速、代表者のＡとも協議をした上で、このようなスキームを利用することができないか、各金融機関の担当者と交渉を進めていきたいと思います。

Check List

□特定調停スキームを利用した事業再生に適した事案であるか
［→ 1、2］

□経営改善計画案、調停条項案を作成することが可能か [→ 3、
4]

□すべての金融債権者と事前協議を行っているか [→ 3]

□すべての金融債権者から同意の見込みを得られているか [→
3]

［ 解 説 ］

1 特定調停スキーム策定の背景

(1)経緯　中小企業者等に対する金融の円滑化を図るための臨時措置に関する法律（以下「金融円滑化法」という）が 2013 年 3 月末日に終了したことにより資金繰りに窮するなどして経営が困難な状況に陥り、本格的な再生処理が必要となる中小企業のうち、比較的小規模な企業の再生を支援することを目的として、日本弁護士連合会が、最高裁判所、経済産業省中小企業庁と協議し、簡易裁判所の特定調停制度を活用するスキーム（以下「特定調停スキーム」という）を策定し、2013 年 12 月からその運用が開始されている。

(2)内容　特定調停とは、民事調停の特例として、債務の返済が困難な債務者の経済的再生に資するために、その債務者が負担する金銭債務等に関する利害関係の調整を促進することを目的とする手続である。従前は多重債務者の債務整理等に活用されていた手続であるが、特定調停スキームは、中小企業の事業再生を図るプラットフォームとして特定調停の新たな運用を提示するものである。

(3)想定される事案等　特定調停スキームは、特に、小規模な企業の場合やメインバンクが存在しない場合など、金融機関が再生のイニシアチブをとりにくい場合に、企業の代理人弁護士がイニシアチブをとって再生を果たしていく手続に適している。

　特定調停スキームの運用マニュアルとしては、日本弁護士連合会作

成の「金融円滑化法終了への対応策としての特定調停スキーム利用の手引き」が公表されており、当該スキームを利用する際には参照されたい。

2 特定調停スキームを利用するメリット

特定調停スキームを利用する債務者側のメリットとしては、①申立費用が比較的安価であること、②裁判所の関与により手続の正当性が確保されること、③債権者のうち金融機関のみを対象とすることにより、いわゆる倒産レッテルを回避し、一般の取引先との取引を継続して事業価値の毀損を防ぐことができること、④債務者において債務免除益等の範囲内で期限切れ欠損金を損金算入することが可能なこと等が挙げられる。

また、債権者たる金融機関側のメリットとしては、①事業者が清算した場合と比較して金融機関が得られる弁済額が大きいこと、②特定調停スキームに基づく債権放棄額を損金参入することが可能であること等が挙げられる。

3 特定調停スキームの手続の流れ

特定調停スキームを活用して再生する場合に想定される一般的な手続の流れは、おおむね以下のとおりである。当該スキームは、すべての金融機関等（信用保証協会を含む）から事前に同意の見込みを得ていること（「同意の見込み」とは、おおむね、金融機関の支店の取引担当者レベルの同意が得られており、最終決裁権限者の同意が得られる見込みがあること等の状況を指し、積極的に同意する訳ではないがあえて反対もしない場合も含まれる）を前提として調停を申し立てることとされているため、裁判所における調停手続自体は、1〜2回の調停期日で終結することが想定されている。

　①債務者が弁護士に委任する。

　②弁護士が、経営改善計画案作成のため、必要に応じて税理士、

公認会計士等に協力を依頼する。

③メインバンク等の金融機関への現状と方針の説明、再生への協力・リスケジュール（元本弁済の据置き等）の要請。

④弁護士らによる経営改善計画案と清算貸借対照表の作成。

⑤金融機関への経営改善計画案の提示、説明、意見交換、修正と同意の見込みの取得。

⑥調停条項案の作成、各金融機関に対する特定調停についての説明と調停条項案に対する同意の見込みの取得。

⑦特定調停の申立て。

⑧第1回調停期日において、調停委員会による各金融機関等の意向確認、（場合によっては）調停成立または民事調停法17条に基づく調停に代わる決定。

⑨調停期日間における各金融機関との協議、調整。

⑩第2回調停期日において、調停成立または民事調停法17条に基づく調停に代わる決定。

4 経営改善計画案の内容

特定調停スキームにおいて作成される経営改善計画案は、債権放棄やDDS（Debt-Debt-Swap. 一部債権の劣後化）などの抜本的な支援を求めるものから、リスケジュールを内容とするものまで、事案ごとに様々であるが、日本弁護士連合会が策定した経営改善計画書の書式に示されている事項は以下のとおりである。

①債務者概況表

②グループ相関図（資本関係・取引関係の説明資料）

③ビジネスモデル俯瞰図

④清算貸借対照表

⑤実態貸借対照表

⑥経営改善計画概要（現状と課題、基本方針、計画期間・改善目標等）

⑦実施計画

⑧資金繰り実績、計画表

⑨計数計画（損益計画、貸借対照表計画、キャッシュフローまたは資
金繰り計画、金融機関別弁済計画、金融支援計画）

⑩金融機関別保全状況

5　経営者保証に関するガイドライン

　中小企業が特定調停スキームを利用して債権放棄等を求めるにあた
り、経営者の保証債務の取扱いをどのようにするかが問題となるが、
保証債務の整理に関しては、2013 年 12 月に有識者会議が策定・公表
している経営者保証に関するガイドラインに従い、中小企業の主たる
債務と一体整理することができることとされている。

【 *Answer* 】

　X 社の事業再生のために特定調停スキームを利用するためには、調停申
立て前に金融機関と十分に協議を行い、経営改善計画案、調停条項案につ
いて各金融機関からの同意の見込みを得た上で、特定調停の申立てを行う。
特定調停スキームを利用して、代表者 A の保証債務処理について、経営者
保証ガイドラインに従って、主たる債務との一体処理を行うことも可能で
ある。

Ⅵ…私的整理

Case

　水道工事の設計・施工を業とするX社（従業員3名）は、昨年代表者Aが体調を崩した影響で、資金繰りに窮してしまい、昨年から金融債権者であるB（信用金庫）、C（地方銀行）に状況を説明した上で、借入金の元本の返済猶予を事実上認めてもらっていた。その後、Aの体調が回復し、売上が回復傾向にあるものの、未だ、約定の弁済を行うことができる程度には資金繰りが回復していない。

　かかる状況の下、元本の返済猶予期間が1年を経過した。Bの支店担当者からは、このまま元本の返済がなされない状況を認めるわけにはいかないので、本社兼自宅に設定されている抵当権の実行を検討せざるを得ないと言われ、Cの支店担当者からは、近々、債権回収会社に債権を譲渡することになりそうだ、と言われている。Aとしては、破産申立て等の法的手続を避けて、何とか事業を継続したいと考えている。

・・・

ノボル：X社については、代表者Aの体調が回復して、新規の受注も増加傾向にあるので、もう少し我慢すれば、金融機関への約定返済も可能になると思うので、破産などの法的手続によらない、いわゆる私的整理をしようと考えているのですが、実際、金融債権者が私的整理に応じてくれるケースはあるのでしょうか。

兄　弁：いまノボル君が言っているのは、中小企業再生支援協議会とか地域経済活性化支援機構（REVIC）等の制度化されている私的整理手続ではなくて、金融機関と任意の交渉を図る、いわゆる純粋私的整理ということで

良いかな。

ノボル：そうです。先生の仰ったような制度化されたものを利用するのではなく、私が代理人として各金融債権者と交渉して、もうしばらく元本の返済猶予を認めてもらい、その後、長期の分割弁済や債務の一部免除等も交渉したいと考えています。

兄　弁：なるほど。もちろん、事案の内容次第ではあるけれど、金融機関としても、債務者代理人から示された弁済計画に応じた方が、経済合理性に資すると判断すれば、いわゆる純粋私的整理に同意する可能性は十分あり得ると思うよ。

ノボル：ありがとうございます。どのような場合に金融機関側が純粋私的整理に同意してくれるのか、今ひとつ空気感がつかめないのですが、実際どんな感じなのでしょうか。

兄　弁：そうだねぇ。誤解を恐れずに大ざっぱに説明すると、債務者がいま破産してしまうよりは、私的整理に応じた方が金融機関側としても経済的メリットが存するということがある程度客観的に明らかな場合であれば、金融機関としても応じる可能性が高まるのではないかな。

ノボル：ありがとうございます。また、Ｃからは債権回収会社（いわゆるサービサー）に債権譲渡する予定であるといわれているのですが、サービサーに債権譲渡される際に気をつけておいた方が良いことはありますか？

兄　弁：債権者がサービサーに変わるわけだから、良くも悪くも、今までの債権者としての方針が大きく変わる可能性があることには気をつけておいた方が良いよ。

ノボル：良くも悪くもといいますと、どういうことでしょうか。

兄　弁：あくまで僕が経験した事案の話だけど、サービサーの方針として、訴訟や競売申立てなどの法的手続に躊躇なく踏み切られたこともあるし、逆に、ある程度まとまった金額を一括弁済することを条件に大幅な債権放棄を受け入れてもらったこともあるよ。

ノボル：なるほど、サービサーへの債権譲渡が場合によっては良い方向に進むこともあるわけですね。もしサービサーに債権譲渡された場合には、速や

かに新しい担当者に連絡を入れて、交渉するようにしたいと思います。

兄　弁：ところで、金融機関と交渉するにしても、交渉している期間中の資金繰りは何とかなるんだろうね。取引先や労働債権の支払すらできないようであれば、法的手続を視野に入れざるを得ないと思うんだけれど。

ノボル：現状、X 社の受注高は増加傾向にあり、金融機関への弁済さえ猶予をいただければ、資金繰りの目途は立っていますので、その点は大丈夫かと思います。

Check List

□私的整理による事業再生の必要性があるか［→ **2**］

□私的整理による事業再生を図ることができるか［→ **2**、**3**］

□どの範囲の債権者を私的整理の対象とするか［→ **2**］

□債権回収会社（サービサー）に債権譲渡された場合の対応［→ **4**］

［ 解 説 ］

1　私的整理とは

　私的整理（任意整理ともいう）とは、破産、民事再生などの法的倒産手続によることなく、債務者、債権者その他利害関係人が任意に協議することにより、合意に基づいて、債務者の債務を整理し、その再建もしくは清算を行う手続のことを意味する。

　私的整理の中には、私的整理ガイドラインや事業再生 ADR のように公表されている準則に従った私的整理（いわゆる準則型私的整理）もあれば、そのような準則に基づかないで適宜の方法で行われる私的整理（いわゆる純粋私的整理）も存する。

2　私的整理の特徴

　私的整理は、法的整理（破産、民事再生等の法的倒産手続）と異なり、その特徴として、①対象債権者を限定できる点と、②対象債権者すべての同意が必要な点が挙げられる。

　法的倒産手続では、すべての債権者を対象としなければならないのに対し、私的整理では、対象債権者を限定することができるのであるから（①）、事業取引上の債権者を対象から外して、金融債権者のみを対象とすることができる（むしろ私的整理では、その対象を金融債権者に限定する方法の方が一般的であろう）。これにより、債務者である事業者は、通常の取引を継続し、いわゆる倒産レッテルによる事業価値の毀損を避けつつ、事業の再生を図ることができる。

　また、法的倒産手続の代表格である破産手続においては、債権者の意向の影響を受けることなく、手続を遂行することが可能であるが、私的整理では、対象債権者すべての同意を得なければ、手続が成立しない（②）。

　したがって、私的整理を手続として選択するにあたっては、どの範囲の債権者から同意を得られる見込みがあるか、同意を得られることが見込まれる債権者の債務のみを整理の対象として、事業の再生が可能であるかを検討することが重要である。

3　純粋私的整理を選択する際の留意事項

(1)純粋私的整理とは　　純粋私的整理とは、私的整理ガイドラインや事業再生 ADR、中小企業再生支援協議会等のように、公表された準則に従った手続を経ることなく、また、専門家アドバイザーや中立・公正な第三者が関与することなく、債務者と債権者との間の相対交渉により進められる私的整理のことである。

(2)特徴　　私的整理の中でも、純粋私的整理は、迅速、低コスト、簡便かつ柔軟に債務の整理を行うことが期待できる一方、いわゆる準則型私的整理と比較して、公正性、衡平性、透明性等が確保されてい

ない。

　したがって、純粋私的整理を試みる場合、債務者の代理人としては、債権者に対して、公正性・衡平性・透明性等に関する不安を払拭し得る程度に、詳細かつ丁寧な説明が求められる。

（3）留意事項　また、迅速な処理を期待できる純粋私的整理といえども、債権者との合意が成立するまで2〜3か月間は最低限要することが多く、事案によっては1〜2年程度の長期間を要することもある。

　純粋私的整理を選択するにあたっては、少なくとも、整理の対象としない事業取引上の債務につき、手続完了までの間、滞りなく支払うことのできる目途をつけておく必要がある。

4　債権回収会社に債権譲渡された場合

　私的整理において、交渉相手であった金融債権者が債権回収会社に債権を譲渡してしまう場合も散見される。債権回収会社は、債権の回収可能性等を勘案した上で、原債権者から当該債権を買い取るものであるが、債権回収会社への債権譲渡がなされれば、当然のことながら、交渉の当事者が変更されるので、債権者の方針についても変動が生じる場合がある。

　債権回収会社としては、債権を処理するため、訴訟や強制執行等の法的手続に速やかに着手する場合もあるが、一方で、原債権者が頑なに拒絶していた債務の一部免除について、一定程度の一時金を弁済することによって、残債務の免除に応じる場合もある。

　債務者の代理人としては、債権回収会社への債権譲渡がなされた場合には、上記のような方針変更の可能性があり得ることを念頭に置いて交渉を進める必要がある。

【　*Answer*　】

　Ｘ社において、金融機関から元本の返済猶予を一定程度の期間認めてもらうことができれば、事業の再生を図ることができる可能性がある。

X社の代理人としては、金融機関に対し、私的整理による解決が、法的倒産と比較して経済合理性を有すること等を示すべく、詳細かつ丁寧な説明を心がけるべきである。

　また、債権が債権回収会社に債権譲渡された場合には、債権者としての方針が変更される可能性があることにも留意する必要がある。

VII…準則型の私的整理

Case

　従業員 10 名の町工場にて板金加工業を営む X 社は、近年、思い切った設備投資を敢行したものの、思うように売上が増加せず、経営に窮することとなった。X 社の代表者である A は、メインバンクに対して、借入金債務のリスケジュールの申し入れをしたところ、メインバンクから、直ちに支援することはできないが、中小企業再生支援協議会において支援を受けられるようであれば、メインバンクとして必要な支援を行う余地はある、一度、中小企業再生支援協議会で相談してみたらどうか、と勧められた。

• • •

ノボル：X 社の代表者 A から相談を受けたのですが、恥ずかしながら、中小企業再生支援協議会という組織自体、私には耳慣れないものでして……。

兄　弁：え、知らないの？　私的整理の中でも、いわゆる準則型と呼ばれる私的整理手続を行う機関の一つだよ。

ノボル：そうなんですね。準則型の私的整理というのは、他にどのようなものがあるのでしょうか。

兄　弁：そうだね、主なものとしては、他に、私的整理に関するガイドライン、事業再生 ADR、REVIC などがあるよ。あと、特定調停手続も、広い意味では準則型の私的整理手続といえるね。

ノボル：X 社のような規模の会社の場合、どの手続が望ましいのでしょうか。

兄　弁：一概にはいえないけれど、少なくとも、私的整理に関するガイドラインや事業再生 ADR は、より規模の大きな会社の事業再生を想定しているので、X 社のような中小企業が利用するとなれば、中小企業再生支援協

議会、REVIC、特定調停などが考えられると思うよ。

ノボル：ありがとうございます。私の方は、一から勉強する必要がありますが、とりあえず、X 社として、メインバンクの勧めに従って中小企業再生支援協議会に相談してみて問題はないですかね。

兄　弁：相談したことによって X 社の事業価値が毀損するわけではないし、中小企業再生支援協議会の支援を得た上で、メインバンクに支援を求めた方が、今回のケースではメインバンクの協力が得られる可能性が高いのではないかな。窓口相談を随時受け付けているから利用してみたら良いと思うよ。

ノボル：わかりました。まずは、中小企業再生支援協議会の窓口相談を利用してみるよう X 社にアドバイスしてみます。

Check List

□準則型の私的整理手続にはどのようなものがあるか［→ **1**］
□私的整理手続のうち、適切な手続を選択しているか［→ **1**］
□協議会スキームの手続の流れを把握しているか［→ **2**］
□協議会スキームの支援対象となる基準を満たしているか［→ **2**］

［ 解 説 ］

1　準則型の私的整理手続の概要

　私的整理のうち、公表されている準則に基づいて手続が進められる私的整理の主たるものとしては、私的整理に関するガイドライン（以下「私的整理 GL」という）、事業再生 ADR、中小企業再生支援協議会（以下「協議会」という）、REVIC（地域経済活性化支援機構）、特定調停等が挙げられる。なお、準則型の私的整理手続は、あくまで私的整理

手続であるから、対象債権者すべての同意がなければ成立しない。

(1)私的整理 GL　　私的整理 GL は、私的整理に関する準則を初めて定めたもので、金融界の紳士協定として金融機関によって遵守されている。私的整理 GL は、手続の準則そのものを指し、手続について特定の機関に対して申出を行うものではなく、債務者から申出を受けた主要債権者（メインバンク）が再生相当と判断した場合に手続が開始され、主要債権者が債務者と連名で「一時停止の通知」を対象債権者に送付する。

　当該手続では、主要債権者が、債権者集会の招集、議事進行、再建計画案の相当性の調査・検証を行う専門家アドバイザーの候補者選定等を行うなど、主導的な役割を担うこととなる。

(2)事業再生 ADR　　事業再生 ADR は、ADR 法に定められた認証紛争解決手続であって、同法に基づく認証と産業競争力強化法に基づく認定を受けた特定認証紛争解決事業者が、事業再生に係る紛争について行うものである。現在、特定認証紛争解決事業者に認証・認定されているのは JATP（事業再生実務家協会）のみである。

　私的整理 GL の手続も、専門家アドバイザーの関与により手続の公正さや透明性の確保を図るものであるが、私的整理 GL の手続は債務者と主要債権者が手続主体となるのに対し、事業再生 ADR では、完全な第三者である特定認証紛争解決事業者が手続を主宰するため、より高い中立性・公正さが確保できるほか、私的整理 GL に基づく手続等において主要債権者に金融支援負担額のしわ寄せを他の債権者が求める、いわゆるメイン寄せを避けることができる。その一方で、事業再生 ADR は、法令に基づいた手続であるから、純粋私的整理と比較すると柔軟性に欠け、また、手続費用が比較的高額になることが多いことには留意する必要がある。

(3)協議会による私的整理手続　　協議会は、中小企業に対する再生計画策定支援等の再生支援事業を実施するため、経済産業大臣から認定を受けた各地域の商工会議所等に設置される組織である。

協議会が行う私的整理手続（以下「協議会スキーム」という）は、他の準則型の私的整理と比較して、中小企業を対象とする手続であるという大きな特徴を有している。

協議会スキームでは、会計、税務、法務、金融等の専門的知識・能力や事業再生のための資金が十分でない中小企業において利用することができるよう、47都道府県に1か所ずつ設置された協議会に事業再生に関する知識と経験を有する専門家を常駐させて、中小企業からの相談を受け付けている。また、手続を主宰する協議会に対する報酬は発生せず、DD費用の一部についても国の補助が得られる場合があるなど、費用面の配慮もなされている。

（4）REVICによる私的整理手続　REVICは、地域経済の活性化を図り、信用秩序の基盤強化に資するため、中小企業者等の事業再生支援および地域の活性化支援を行う機関として、前身の企業再生支援機構を改組する形で2013年3月に設立された組織であり、その機能の大きな特徴としては、①出融資機能、②経営人材等派遣機能、③債権買取機能がある。

REVICの再生支援の申込みについては、メインバンクと債務者たる中小企業の連名で行うこととなるため、その前提としてメインバンクと債務者との間で、REVICの再生支援手続を活用することについて合意している必要がある。また、当該手続においては、原則としてREVIC主導による事業、財務、税務、法務、不動産のDDを経て、事業再生計画策定の支援等がなされる。当該手続においては、法令上の枠組みの中で、REVICによる出融資、債権買取、人材派遣等を含めた検討が行われ、実効的な再生支援が期待できる一方、これらの検討を行うためのスケジュールや費用面での負担が大きくなる場合があることには留意する必要がある。

（5）特定調停　特定調停は、裁判所の庁舎内にて実施される手続ではあるが、法律上の根拠に基づくという意味では、裁判外の準則型の私的整理手続の一つとして挙げることができる。特定調停手続の詳細

については、本章 **IV** および **V** を参照されたい。

2　協議会スキームの概要

（1）概要　　準則型の私的整理手続の中で、中小企業が最も利用する可能性が高いものとしては、協議会スキームが挙げられる。協議会スキームの手続は、大きく分けると、①窓口相談（第一次対応）、②再生計画策定支援（第二次対応）、③再生計画策定支援が完了した案件のフォローアップの３つに分類される。これらの手続の内容は、中小企業再生支援協議会事業実施基本要領に記載され、全国の協議会において、同基本要領に基づいた手続がなされている。

（2）窓口相談（第一次対応）　　窓口相談では、中小企業からの申出により、協議会に常駐する統括責任者（プロジェクトマネージャー）または統括責任者補佐（サブマネージャー）が相談を受け、中小企業に対して課題の解決に向けた適切な助言、支援施策、支援機関の紹介を行う。

（3）再生計画策定支援（第二次対応）　　窓口相談において把握した当該中小企業の状況に基づき、協議会が、再生計画策定支援を行うことが適当であると判断した場合、協議会は必要に応じて外部専門家を活用し、また、当該企業の承諾を得て、主要債権者の意向を確認し、主要債権者の意向をふまえ、再生計画の策定を支援することとなる。

　再生計画策定支援においては、原則として、協議会の統括責任者や統括責任者補佐の他、弁護士、公認会計士、税理士などの外部専門家から構成される個別支援チームが編成され、協議会が主体となり、財務および事業 DD の実施、再生計画案の作成、再生計画案の調査報告、債権者会議の開催、再生計画の成立という流れで手続が進むことが予定されている。ただし、事案によっては、上記手続より簡易迅速な手続（いわゆる「新スキーム」）が利用される場合もある。

　そして、協議会スキームにおいては、再生計画案として、以下の内容を充足することが求められている。

①当該企業の自助努力が十分に反映されたものであること。

②実質的に債務超過である場合は、再生計画成立後最初に到来する事業年度開始の日から5年以内を目処に実質的な債務超過を解消する内容であること。

③経常利益が赤字である場合は、再生計画成立後最初に到来する事業年度開始の日からおおむね3年以内を目処に黒字に転換する内容であること。

④再生計画の終了年度における有利子負債の対キャッシュフロー比率がおおむね10倍以下となる内容であること。

⑤対象債権者に対して金融支援を要請する場合には、経営者責任の明確化を図る内容であること。

⑥金融支援の内容として債権放棄等を要請する場合には、株主責任の明確化も盛り込んだ内容であること。

⑦債権者間で衡平性（実質的平等）が保たれた内容であること。

⑧債権放棄等を要請する場合は、破産手続による債権額の回収の見込みよりも多くの回収を得られる見込みがあること。

(4)再生計画策定支援完了後のフォローアップ　　協議会は、再生計画が成立し、再生計画策定支援が完了した企業について、メインバンクと連携の上、計画達成状況等について、モニタリングを実施する。モニタリングの実施時期等については、適時・適切な時期を定めることとされているが、モニタリングの期間は、企業の状況や再生計画の内容等を勘案した上で、再生計画が成立してからおおむね3事業年度を目途として、決算期を考慮しつつ、必要な期間を定めることとされている。

　モニタリングの結果、再生計画を変更する必要があると認められるときは、協議会は、企業の求めに応じて必要な支援を行うことができるとされている。そして、当該企業の借入金の返済条件の緩和、関係金融機関等の損失負担の変更など、再生計画の重要な修正または追加が必要であると認められるときは、再度協議会において、再生計画策

定支援（第二次対応）を準用した支援を行うことができるとされている。

【 *Answer* 】

　X社としては、まずは、協議会の窓口相談（第一次対応）を利用して、自社の経営状況や財務状況を説明した上で、現状の課題に対する助言や、必要な支援機関の紹介等を受ける。

　さらに、協議会において、再生計画策定支援を行うことが適当であると判断された場合には、X社としては、協議会が編成する個別支援チームの支援を得つつ、メインバンクからの協力も得て、再生計画の成立を目指すこととなる。

事項索引

判例索引

昭和
最判昭和 35・3・11 民集 14 巻 3 号 403 頁…93
最大判昭和 40・9・22 民集 19 巻 6 号 1600 頁…164
最判昭和 47・6・15 民集 26 巻 5 号 1036 頁…51
最判昭和 62・7・3 民集 41 巻 5 号 1068 頁…53

平成2～20年
最判平成 2・3・20 集民 159 号 253 頁…127
最判平成 5・1・25 民集 47 巻 1 号 344 頁…53
最決平成 12・7・26 民集 54 巻 6 号 1981 頁…129
東京地判平成 13・5・29 判タ 1087 号 264 頁…128
大阪地決平成 13・6・20 金法 1641 号 40 頁…155
東京地判平成 14・2・27 金法 1656 号 60 頁…128
東京高決平成 16・6・17 金法 1719 号 51 頁…165
神戸地裁伊丹支決平成 19・11・28 判タ 1284 号 328 頁…47,53,86

平成21～29年
東京地判平成 21・2・13 判時 2036 号 43 頁…40,56,65,75,81,86
東京地判平成 22・7・8 判時 2094 号 69 頁…54
東京地判平成 22・10・14 判タ 1340 号 83 頁…47,64,81,86
東京地判平成 23・10・24 判時 2140 号 23 頁…53,64,86
最判平成 24・10・19 判時 2169 号 9 頁…25,54
東京地判平成 25・2・6 判タ 1390 号 358 頁…33,56
最判平成 25・4・16 民集 67 巻 4 号 1049 頁…172
東京高判平成 29・7・26 週刊税務通信 3474 号 10 頁…212
最決平成 29・10・5 民集 71 巻 8 号 1441 頁…21,120
最決平成 29・12・19 民集 71 巻 10 号 2632 頁…198

【編著者】

髙中正彦（たかなか・まさひこ）／弁護士（髙中法律事務所）
早稲田大学法学部卒業。1979 年弁護士登録（第 31 期）。
『法曹倫理』（民事法研究会、2013 年）、『弁護士法概説〔第 4 版〕』（三省堂、2012 年）、『判例弁護過誤』（弘文堂、2011 年）など。

安藤知史（あんどう・さとし）／弁護士（大西昭一郎法律事務所）
早稲田大学法学部卒業。2001 年弁護士登録（第 54 期）。
主著として、『会社法務のチェックポイント（実務の技法シリーズ 1）』（共編著、弘文堂、2019 年）、『担当部門別・会社役員の法務必携』（共編著、清文社、2007 年）など。
※第 1 章 **I〜VII** 執筆

【著　者】

木内雅也（きうち・まさや）／弁護士（赤坂森の木綜合法律事務所）
同志社大学法学部法律学科卒業。2002 年弁護士登録（第 55 期）。
主著として、『Catch the CASE 民法』（共著、商事法務、2013 年）など。
※第 1 章 **VIII**、第 2 章執筆

中村美智子（なかむら・みちこ）／弁護士（プラス法律事務所）
千葉大学大学院専門法務研究科。2007 年弁護士登録（第 60 期）。
主著として、『要点解説　民法改正』（共著、清文社、2014 年）など。
※第 3 章執筆

八木　理（やぎ・おさむ）／弁護士（田邊・矢野・八木法律事務所）
東京大学法学部卒業。2007 年弁護士登録（第 60 期）。
主著として、「地域金融機関における中小企業の法律問題対策 Q & A」（共著、銀行法務 21・789 号）など。
※第 4 章執筆

【編著者】
高中正彦　　弁護士（高中法律事務所）
安藤知史　　弁護士（大西昭一郎法律事務所）

【著　者】
木内雅也　　弁護士（赤坂森の木綜合法律事務所）
中村美智子　弁護士（プラス法律事務所）
八木　理　　弁護士（田邊・矢野・八木法律事務所）

破産再生のチェックポイント【実務の技法シリーズ5】

2019（令和元）年12月15日　初版1刷発行

著　者　高中正彦・安藤知史
発行者　鯉渕友南
発行所　株式会社　弘文堂　　101-0062 東京都千代田区神田駿河台1の7
　　　　　　　　　　　　　　　TEL 03(3294)4801　振替 00120-6-53909
　　　　　　　　　　　　　　　https://www.koubundou.co.jp
装　丁　青山修作
印　刷　三陽社
製　本　井上製本所

ISBN 978-4-335-31385-1

─────実務の技法シリーズ─────

〈OJTの機会に恵まれない新人弁護士に「兄弁」「姉弁」がこっそり教える実務技能〉を追体験できる、紛争類型別の法律実務入門シリーズ。未経験であったり慣れない分野で事件の受任をする際に何が「勘所」なのかを簡潔に確認でき、また、深く争点を掘り下げる際に何を参照すればよいのかを効率的に調べる端緒として、実務処理の「道標」（チェックポイント）となることをめざしています。

☑ 【ケース】と【対話】で思考の流れをイメージできる
☑ 【チェックリスト】で「落とし穴」への備えは万全
☑ 簡潔かつポイントを押さえた、チェックリスト対応の【解説】
☑ 一歩先へと進むための【ブックガイド】と【コラム】

※表示価格（税別）は 2019 年 12 月現在のものです。